CLASSIQUES
FRANÇAIS,

ÉDITION TRÈS-CORRECTE,

Imprimée par Firmin Didot Frères.

PARIS,

CHEZ VICTOR MASSON,

RUE DE L'ÉCOLE DE MÉDECINE, N° 4.

—

1837.

ŒUVRES CHOISIES

DE

REGNIER.

IMPRIMERIE DE FIRMIN DIDOT FRÈRES
RUE JACOB, N⁰ 56.

OEUVRES CHOISIES

DE

REGNIER,

PRÉCÉDÉES D'UNE NOTICE HISTORIQUE
ET CRITIQUE SUR CE POÈTE,

ET SUIVIES D'UN

VOCABULAIRE,

PAR M. PELLISSIER.

A PARIS,

CHEZ VICTOR MASSON, LIBRAIRE.

1836.

NOTICE

SUR REGNIER.

M<small>ATHURIN</small> R<small>EGNIER</small>, fils aîné de Jacques Regnier, bourgeois notable de Chartres et de Simonne Desportes, sœur du poëte de ce nom, naquit à Chartres, le 21 décembre 1573. Il fut destiné de bonne heure à l'état ecclésiastique, et reçut la tonsure avant l'âge de neuf ans. Ses talents précoces lui méritèrent d'abord la protection du cardinal François de Joyeuse, archevêque de Toulouse, qui l'emmena à Rome en 1593. Mais il paraît, d'après la satire II, que ce prélat ne fit rien dans la suite pour la fortune du jeune Regnier. Il fit une seconde fois ce voyage, en 1601, avec l'ambassadeur Philippe de Béthune, c'est à lui qu'il a adressé sa sixième satire, composée pendant son séjour à Rome. Peu de temps après son retour, il obtint par dévolu un canonicat dans l'église de Notre-Dame à Chartres. On raconte à ce sujet que le résignataire de ce bénéfice, pour avoir le temps de faire admettre sa résignation en cour de Rome, avoit fait placer dans le lit du dernier titulaire une bûche qui fut enterrée à la place du défunt, qu'on avoit secrètement enseveli quinze jours avant. Regnier prouva le stratagême, et fut mis en possession du canonicat le 30 juillet 1604.

I

A la mort de l'abbé Desportes, son oncle, qui étoit revêtu de l'abbaye de Vaux-de-Cernay, le roi Henri IV lui accorda, sur cette abbaye, une pension de deux mille livres, qui ne lui fut pas toujours exactement payée, s'il faut s'en rapporter à ce qu'il dit dans son épître III.

Regnier annonça dès sa plus grande jeunesse son inclination pour la satire; cependant la malignité de l'esprit n'avoit point exclu chez lui la bonté du cœur. Il a eu le soin de le rappeler lui-même,

Et le surnom de bon me va-t-on reprochant,
D'autant que je n'ai pas l'esprit d'être méchant.

En effet, on disoit de son temps, et l'on a dit encore après, *le bon Regnier*.

Malherbes faisoit le plus grand cas de son talent; ils se brouillèrent à l'occasion de l'aventure suivante, rapportée dans une vie de Malherbes, attribuée à Racan. Regnier et le poëte lyrique étoient allés dîner ensemble chez Desportes; ils trouvèrent qu'on avoit servi. Desportes se leva de table, reçut Malherbes avec beaucoup de civilité, et s'empressa de vouloir lui offrir un exemplaire de ses pseaumes; mais celui-ci le retint en lui disant que *son potage valoit mieux que ses pseaumes*. Cette boutade déplut à Desportes, qui ne dit pas un mot pendant tout le repas, et qui ne le revit plus depuis. Regnier se tint aussi pour offensé de cette brusquerie un peu dure envers son oncle, et il composa sa neuvième satire où, à son tour, il devint injuste envers l'auteur célèbre qui, selon l'expression de Boileau,

Aux auteurs de ce temps sert encor de modèle.

Du reste, la postérité a confirmé les nombreux suf-
frages que Regnier avoit obtenus de ses contemporains.
Boileau a consacré plusieurs fois des vers à la louange
de son devancier; il en parle avec éloge dans son
discours sur la satire, ainsi que dans sa lettre à Perrault.
Il dit dans son épître X :

> J'allai d'un pas hardi, par moi-même guidé,
> Et de mon seul génie en marchant secondé,
> Studieux amateur et de Perse et d'Horace,
> Assez près de Regnier m'asseoir sur le Parnasse.

Dans la cinquième réflexion critique sur Longin, il
l'appelle « le célébre Regnier, c'est-à-dire le poëte
« français qui, du consentement de tout le monde, a
« le mieux connu, avant Moliére, les mœurs et le ca-
« ractère des hommes. »

J. B. Rousseau écrivoit à Brossette, dans le temps
que ce commentateur préparoit les notes de son édition in-4. de Regnier, publiée à Londres en 1729.

« Vous rendrez, lui disoit-il, un grand service à
« notre langue, dont ce poëte est un ornement très-
« considérable. Aucun n'a mieux pris que lui le véri-
« table tour des anciens, et je suis persuadé que
« M. Despréaux ne l'a pas moins étudié que Perse et
« Horace. » Il ajoute : « Regnier a des vers si heureux
« et si originaux, des expressions si propres et si vives,
« que je crois que, malgré ses défauts, il tiendra tou-
« jours un des premiers rangs parmi le petit nombre
« d'excellents auteurs que nous connoissons. »

Enfin on sait les vers que Boileau lui a consacrés

dans son Art Poétique où, après avoir caractérisé les
satiriques latins, il dit:

> De ces maîtres savants, disciple ingénieux,
> Regnier seul, parmi nous, formé sur leurs modèles,
> Dans son vieux style encore a des graces nouvelles:
> Heureux, si ses discours, craints du chaste lecteur,
> Ne se sentoient des lieux où fréquentoit l'auteur,
> Et si du son hardi de ses rimes cyniques
> Il n'allarmoit souvent les oreilles pudiques.

Boileau, en adressant ce juste reproche à Regnier,
fait principalement allusion à la satire onzième, où ce
poëte, sans égard pour les bienséances et sans ména-
gement pour ses lecteurs, les conduit dans des lieux
de débauches. Toutefois il est aussi vrai de dire que si
Regnier n'a point cherché à voiler ses tableaux par
l'artifice des couleurs, il faut en attribuer la principale
cause à l'esprit et au ton de son siècle; il semblait alors,
comme le remarque M. de Valincour, dans son éloge
de Despréaux, que l'obscénité fût un sel absolument
nécessaire à la satire. On ne connoissoit point encore
l'art d'être piquant sans grossièreté, ou d'avoir de la
gaieté sans bouffonnerie; Boileau a sans doute plus de
finesse, d'esprit et de grace; ses railleries sont plus
délicates, ses tours plus variés, mais Regnier est plein
de sens et d'énergie, il a de l'originalité et du naturel,
et quoiqu'il ait un peu vieilli, c'est encore, dans son
genre, un des meilleurs modèles que puissent étudier
les littérateurs dont le goût est formé. Son styte, riche
d'expressions heureuses, est souvent poétique; il joint
quelquefois la force de Juvénal à l'enjouement d'Horace,

et Boileau ne put guère y ajouter que de la correction et de l'élégance.

Regnier a écrit aussi dans le genre de Tibulle et d'Ovide. Ses élégies offrent des imitations faciles de ces auteurs. On y trouve des tours gracieux et quelquefois de la passion.

Ses poésies spirituelles, dont la première a été composée dix ans avant sa mort, portent l'empreinte d'un véritable repentir des excès de sa jeunesse. Le déréglement de sa vie en abrégea le terme. Il mourut à Rouen, le 22 octobre 1613, dans sa quarantième année. Le père Garache, jésuite, dans sa *Recherche des Recherches*, page 648, dit que Regnier « se bâtit « jadis cette épitaphe à soi-même, en sa jeunesse dé- « bauchée, ayant désespéré de sa santé, et étant, « comme il pensoit, sur le point de rendre l'ame : »

> J'ai vécu sans nul pensement,
> Me laissant aller doucement
> A la bonne loi naturelle ;
> Et si m'étonne fort pourquoi
> La mort osa songer à moi,
> Qui ne songeai jamais en elle.

P.

OEUVRES CHOISIES

DE

REGNIER.

~~~~~~

DISCOURS AU ROI.

SATIRE I.

Puissant roi des François, astre vivant de
    Mars (1),
Dont le juste labeur, surmontant les hasards,
Fait voir par sa vertu que la grandeur de France
Ne pouvoit succomber sous une autre vaillance :
Vrai fils de la valeur de tes pères, qui sont
Ombragés des lauriers qui couronnent leur front,
Et qui, depuis mille ans indomptables en guerre,
Furent transmis du ciel pour gouverner la terre ;
Puisses-tu, comme Auguste, admirable en tes faits,
Rouler tes jours heureux en une heureuse paix !

---

(1) Ce discours fut composé, et adressé à Henri IV,
après l'entière extinction de la ligue.

Ores que la justice ici-bas descendue
Aux petits comme aux grands par tes mains est
      rendue ;
Que, sans peur du larron, trafique le marchand ;
Que l'innocent ne tombe aux aguets du méchant.
Aujourd'hui que ton fils (1), imitant ton courage,
Nous rend de sa valeur un si grand témoignage,
Que, jeune, de ses mains la rage il déconfit,
Étouffant les serpents ainsi qu'Hercule fit ;
Et, domptant la Discorde à la gueule sanglante,
D'impiété, d'horreur, encore frémissante,
Il lui trousse les bras de meurtres entachés,
De cent chaînes d'acier sur le dos attachés ;
Sous des monceaux de fer dans ses armes l'enterre,
Et ferme pour jamais le temple de la guerre,
Faisant voir clairement, par ses faits triomphants,
Que les rois et les dieux ne sont jamais enfants :
Si bien que s'élevant sous ta grandeur prospère,
Généreux héritier d'un si généreux père,
Comblant les bons d'amour et les méchants d'ef-
      froi,
Il se rend au berceau déja digne de toi.
Mais c'est mal contenter mon humeur frénétique,
Passer de la satire (2) en un panégyrique,

---

(1) Le dauphin, qui fut depuis le roi Louis XIII.

(2) Ce vers prouve que Regnier avoit composé des satires avant ce discours.

Où mollement disert, sous un sujet si grand,
Dès le premier essai mon courage se rend.
Et quand j'égalerois ma muse à ton mérite,
Toute extrême louange est pour toi trop petite;
Où tout le monde entier ne bruit que tes projets;
Où ta bonté discourt au bien de tes sujets;
Où notre aise, et la paix, ta vaillance publie;
Où le discord éteint, et la loi rétablie,
Annoncent ta justice; où le vice abattu
Semble, en ses pleurs, chanter un hymne à ta
      vertu.
De tout bois, comme on dit, Mercure on ne fa-
      çonne,
Et toute médecine à tout mal n'est pas bonne.
De même le laurier, et la palme des rois,
N'est un arbre où chacun puisse mettre les doigts;
Joint que ta vertu passe, en louange féconde,
Tous les rois qui seront, et qui furent au monde.
   Il se faut reconnoître, il se faut essayer,
Se sonder, s'exercer, avant que s'employer,
Comme fait un luiteur entrant dedans l'arène,
Qui, se tordant les bras, tout en soi se démène,
S'alonge, s'accourcit, ses muscles étendant,
Et, ferme sur ses pieds, s'exerce en attendant
Que son ennemi vienne, estimant que la gloire
Jà riante en son cœur lui don'ra la victoire.
Il faut faire de même un œuvre entreprenant,
Juger comme au sujet l'esprit est convenant;

1.

Et quand on se sent ferme, et d'une aîle assez
      forte,
Laisser aller la plume où la verve l'emporte.
J'imite les Romains encore jeunes d'ans,
A qui l'on permettoit d'accuser, impudents,
Les plus vieux de l'état, de reprendre, et de dire
Ce qu'ils pensoient servir pour le bien de l'em-
      pire.
Et comme la jeunesse est vive et sans repos,
Sans peur, sans fiction, et libre en ses propos,
Il semble qu'on lui doit permettre davantage :
Aussi que les vertus fleurissent en cet âge,
Qu'on doit laisser mûrir sans beaucoup de ri-
      gueur,
Afin que tout à l'aise elles prennent vigueur.
C'est ce qui m'a contraint de librement écrire,
Et sans piquer au vif me mettre à la satire ;
Où, poussé du caprice, ainsi que d'un grand vent,
Je vais haut dedans l'air quelquefois m'élevant ;
Et quelquefois aussi, quand la fougue me quitte,
Du plus haut au plus bas mon vers se précipite,
Selon que, du sujet touché diversement,
Les vers à mon discours s'offrent facilement.

    Or, grand roi, dont la gloire en la terre épandue
Dans un dessein si haut rend ma muse éperdue,
Ainsi que l'œil humain le soleil ne peut voir,
L'éclat de tes vertus offusque tout savoir ;
Si bien que je ne sais qui me rend plus coupable,

Ou de dire si peu d'un sujet si capable,
Ou la honte que j'ai d'être si mal appris,
Ou la témérité de l'avoir entrepris.
Mais quoi! par ta bonté, qui toute autre surpasse,
J'espère du pardon, avecque cette grace,
Que tu liras ces vers, où jeune je m'ébats
Pour égayer ma force; ainsi qu'en ces combats
De fleurets on s'exerce, et, dans une barrière,
Aux pages l'on réveille une adresse guerrière
Follement courageuse, afin qu'en passe-temps
Un labeur vertueux anime leur printemps;
Que leur corps se dénoue, et se désangourdisse,
Pour être plus adroit à te faire service.
Aussi je fais de même en ces caprices fous:
Je sonde ma portée, et me tâte le pouls,
Afin que s'il advient, comme un jour je l'espère,
Que Parnasse m'adopte, et se dise mon père,
Emporté de ta gloire et de tes faits guerriers,
Je plante mon lierre au pied de tes lauriers.

A M. LE COMTE DE GARAMAIN.

SATIRE II.

LES POETES.

Comte, de qui l'esprit pénètre l'univers,
Soigneux de ma fortune, et facile à mes vers ;
Cher souci de la muse, et sa gloire future,
Dont l'aimable génie, et la douce nature
Fait voir, inaccessible aux efforts médisants,
Que vertu n'est pas morte en tous les courtisans :
Bien que foible et débile, et que mal reconnue
Son habit décousu la montre à demi-nue ;
Qu'elle ait séche là chair, le corps amenuisé,
Et serve à contre-cœur le vice autorisé ;
Le vice qui, pompeux, tout mérite repousse,
Et va, comme un banquier, en carrosse et en
  housse.
  Mais c'est trop sermonné de vice et de vertu ;
Il faut suivre un sentier qui soit moins rebattu,
Et, conduit d'Apollon, reconnoître la trace
Du libre Juvénal : trop discret est Horace
Pour un homme piqué, joint que la passion,
Comme sans jugement, est sans discrétion.
Cependant il vaut mieux sucrer notre moutarde :

L'homme, pour un caprice, est sot qui se hasarde.
Ignorez donc l'auteur de ces vers incertains,
Et, comme enfants trouvés, qu'ils soient fils de
  putains,
Exposés en la rue, à qui même la mère,
Pour ne se découvrir, fait plus mauvaise chère.
 Ce n'est pas que je croie, en ces temps effrontés,
Que mes vers soient sans père, et ne soient adop-
  tés,
Et que ces rimasseurs, pour feindre une abon-
  dance,
N'approuvent, impuissants, une fausse semence,
Comme nos citoyens de race desireux
Qui bercent les enfants qui ne sont pas à eux :
Ainsi, tirant profit d'une fausse doctrine,
S'ils en sont accusés, ils feront bonne mine,
Et voudront, le niant, qu'on lise sur leur front,
S'il se fait un bon vers, que c'est eux qui le font,
Jaloux d'un sot honneur, d'une bâtarde gloire,
Comme gens entendus s'en veulent faire accroire ;
A faux titre insolents, et sans fruit hasardeux,
Pissent au bénitier afin qu'on parle d'eux.
Or avec tout ceci le point qui me console,
C'est que la pauvreté comme moi les affole,
Et que, la grace à Dieu, Phébus et son troupeau,
Nous n'eûmes sur le dos jamais un bon manteau.
Aussi, lorsque l'on voit un homme par la rue,
Dont le rabat est sale, et la chausse rompue,

Ses grègues aux genoux, au coude son pourpoint,
Qui soit de pauvre mine, et qui soit mal en point;
Sans demander son nom, on le peut reconnoître;
Car si ce n'est un poete (1), au moins il le veut
   être.
Pour moi, si mon habit, partout cicatrisé,
Ne me rendoit du peuple et des grands méprisé,
Je prendrois patience, et parmi la misère,
Je trouverois du goût; mais ce qui doit déplaire
A l'homme de courage, et d'esprit relevé,
C'est qu'un chacun le fuit ainsi qu'un réprouvé.
Car, en quelque façon, les malheurs sont propices.
Puis les gueux, en gueusant, trouvent maintes dé-
   lices,
Un repos qui s'égaie en quelque oisiveté ı
Mais je ne puis pâtir de me voir rejeté.
C'est donc pourquoi, si jeune abandonnant la
   France,
J'allai, vif de courage, et tout chaud d'espérance,
En la cour d'un prélat (2) qu'avec mille dangers
J'ai suivi, courtisan, aux pays étrangers.
J'ai changé mon humeur, altéré ma nature.

---

(1) Regnier fait presque toujours ce mot de deux
syllabes. C'étoit encore l'usage du temps de Corneille,
qui dit aussi dans sa comédie de *la Galerie du Palais:*

Un bon poete ne vient que d'un amant parfait.

(2) François de Joyeuse.

J'ai bu chaud, mangé froid, j'ai couché sur la dure,
Je l'ai, sans le quitter, à toute heure suivi.
Donnant ma liberté je me suis asservi,
En public, à l'église, à la chambre, à la table,
Et pense avoir été mainte fois agréable.
Mais instruit par le temps, à la fin j'ai connu
Que la fidelité n'est pas grand revenu,
Et qu'à mon temps perdu, sans nulle autre espé-
    rance,
L'honneur d'être sujet tient lieu de récompense :
N'ayant autre intérêt de dix ans jà passés,
Sinon que sans regret je les ai dépensés.
C'est pourquoi sans me plaindre en ma déconve-
    nue,
Le malheur qui me suit ma foi ne diminue :
Et rebuté du sort, je m'asservis pourtant,
Et sans être avancé je demeure content :
Sachant bien que Fortune est ainsi qu'une louve,
Qui sans choix s'abandonne au plus laid qu'elle
    trouve ;
Qui relève un pédant de nouveau baptisé,
Et qui par ses larcins se rend autorisé ;
Qui le vice annoblit, et qui, tout au contraire,
Ravalant la vertu, la confine en misère.
Et puis je m'irai plaindre après ces gens ici ?
Non, l'exemple du temps n'augmente mon souci.
Et bien qu'elle ne m'ait sa faveur départie,
Je n'entends, quant à moi, de la prendre à partie,

Puisque, selon mon goût, son infidélité
Ne donne et n'ôte rien à la félicité.
Mais que veux-tu qu'on fasse en cette humeur
      austère?
Il m'est, comme aux putains, mal-aisé de me taire:
Il m'en faut discourir de tort et de travers.
La colère souvent engendre de bons vers.
Mais, comte, que sait-on? elle peut être sage,
Voire, avecque raison, inconstante et volage;
Et, déesse avisée aux biens qu'elle départ,
Les adjuge au mérite, et non point au hasard.
Puis l'on voit de son œil, l'on juge de sa tête,
Et chacun en son dire a droit en sa requête:
Car l'amour de soi-même, et notre affection,
Ajoute avec usure à la perfection.
Toujours le fond du sac ne vient en évidence,
Et bien souvent l'effet contredit l'apparence.
Il n'est à décider rien de si mal-aisé,
Que sous un saint habit le vice déguisé.
Par ainsi j'ai donc tort, et ne dois pas me plaindre,
Ne pouvant par mérite autrement la contraindre
A me faire du bien ni de me départir
Autre chose à la fin, sinon qu'un repentir.
Mais quoi! qu'y feroit-on, puisqu'on ne s'ose
      pendre?
Encor faut-il avoir quelque chose où se prendre,
Qui flatte, en discourant, le mal que nous sentons.
Or, laissant tout ceci, retourne à nos moutons,

Muse, et sans varier dis-nous quelques sornettes
De ces enfants bâtards, ces tiercelets de poetes,
Qui par les carrefours vont leurs vers grimaçants,
Qui par leurs actions font rire les passants;
Et quand la faim les point, se prenant sur le vôtre,
Comme les étourneaux ils s'affament l'un l'autre.

    Cependant sans souliers, ceinture, ni cordon,
L'œil farouche et troublé, l'esprit à l'abandon,
Vous viennent accoster comme personnes ivres,
Et disent pour bon jour: Monsieur, je fais des
      livres:
On les vend au Palais; et les doctes du temps,
A les lire amusés, n'ont autre passe-temps.
De là, sans vous laisser, importuns ils vous sui-
      vent,
Vous alourdent de vers, d'allégresse vous privent,
Vous parlent de fortune, et qu'il faut acquérir,
Du crédit, de l'honneur, avant que de mourir;
Mais que, pour leur respect, l'ingrat siècle où
      nous sommes
Au prix de la vertu n'estime point les hommes;
Que Ronsard, du Bellay, vivants ont eu du bien;
Et que c'est honte au roi de ne leur donner rien.
Puis sans qu'on les convie, ainsi que vénérables,
S'asseyent en prélats les premiers à vos tables,
Où le caquet leur manque, et, des dents discou-
      rant,
Semblent avoir des yeux regret au demeurant.
Or la table levée, ils curent la mâchoire.

Après graces Dieu bu, ils demandent à boire,
Vous font un sot discours ; puis, au partir de là,
Vous disent : Mais, Monsieur, me donnez-vous
    cela ?
Un autre, renfrogné, rêveur, mélancolique,
Grimaçant son discours, semble avoir la colique,
Suant, crachant, toussant, pensant venir au point,
Parle si finement que l'on ne l'entend point.
Un autre, ambitieux, pour les vers qu'il compose
Quelque bon bénéfice en l'esprit se propose ;
Et dessus un cheval, comme un singe, attaché,
Méditant un sonnet, médite un évêché.
Si quelqu'un, comme moi, leurs ouvrages n'es-
    time,
Il est lourd, ignorant, il n'aime point la rime ;
Difficile, hargneux, de leur vertu jaloux,
Contraire en jugement au commun bruit de tous ;
Que leur gloire il dérobe avec ses artifices :
Les dames cependant se fondent en délices
Lisant leurs beaux écrits ; et de jour, et de nuit,
Les ont au cabinet sous le chevet du lit ;
Que portés à l'église ils valent des matines,
Tant, selon leurs discours, leurs œuvres sont di-
    vines.
Ronsard, fais-m'en raison ; et vous autres esprits
Que, pour être vivants, en mes vers je n'écris,
Pouvez-vous endurer que ces rauques cigales
Égallent leurs chansons à vos œuvres royales,
Ayant votre beau nom lâchement démenti ?

Ha! c'est que notre siècle est en tout perverti.
Mais pourtant quel esprit, entre tant d'insolence,
Sait trier le savoir d'avecque l'ignorance,
Le naturel de l'art, et, d'un œil avisé,
Voit qui de Calliope est plus favorisé?
Juste postérité, à témoin je t'appelle,
Toi qui sans passion maintiens l'œuvre immor-
    telle,
Et qui, selon l'esprit, la grace et le savoir,
De race en race au peuple un ouvrage fais voir;
Venge cette querelle, et justement sépare
Du cygne d'Apollon la corneille barbare,
Qui, croassant partout d'un orgueil effronté,
Ne couche de rien moins que l'immortalité.
Quel plaisir penses-tu que dans l'ame je sente,
Quand l'un de cette troupe, en audace insolente,
Vient à Vanves à pied, pour grimper au coupeau
Du Parnasse françois, et boire de son eau;
Que froidement reçu, on l'écoute à grand' peine;
Que la muse, en grognant, lui défend sa fontaine;
Et, se bouchant l'oreille au récit de ses vers,
Tourne les yeux à gauche, et les lit de travers;
Et pour fruit de sa peine aux grands vents disper-
    sée,
Tous ses papiers servir à la chaise percée?
Mais comme eux je suis poete, et sans discrétion
Je deviens importun avec présomption.
Il faut que la raison retienne le caprice,
Et que mon vers ne soit qu'ainsi qu'un exercice,

Qui par le jugement doit être limité ,
Selon que le requiert ou l'âge , ou la santé.
Je ne sais quel démon m'a fait devenir poete ;
Je n'ai, comme ce Grec (1) , des dieux grand in-
      terprète ,
Dormi sur Hélicon, ou ces doctes mignons
Naissent en une nuit, comme les champignons :
Si ce n'est que ces jours , allant à l'aventure ,
Rêvant comme un oison allant à la pâture ,
A Vanves j'arrivai, où suivant maint discours
On me fit au jardin faire cinq ou six tours ,
Et comme un conclaviste entre dans le conclave,
Le sommeiller me prit, et m'enferme en la cave,
Où, buvant et mangeant, je fis mon coup d'essai,
Et où, si je sais rien (2) , j'appris ce que je sais.
Voilà ce qui m'a fait et poete et satirique ,
Réglant la médisance à la façon antique.
Mais, à ce que je vois, sympatisant d'humeur ,
J'ai peur que tout-à-fait je deviendrai rimeur.
J'entre sur ma louange, et, bouffi d'arrogance,
Si je n'en ai l'esprit, j'en aurai l'insolence.
Mais retournons à nous, et, sages devenus,
Soyons à leurs dépens un peu plus retenus.

---

(1) Hésiode.

(2) *Rien*, du latin R E S , signifie *quelque chose*, lors
qu'il n'est pas joint à une négation.

A M. LE MARQUIS DE COEUVRES (1).

SATIRE III.

LA VIE DE LA COUR.

MARQUIS, que dois-je faire en cette incertitude?
Dois-je, las de courir, me remettre à l'étude,
Lire Homère, Aristote, et, disciple nouveau,
Glaner ce que les Grecs ont de riche et de beau ;
Reste de ces moissons que Ronsard et Desportes
Ont remporté du champ sur leurs épaules fortes ;
Qu'ils ont comme leur propre en leur grange en-
        tassé,
Égalant leurs honneurs aux honneurs du passé?
Ou si, continuant à courtiser mon maître,
Je me dois jusqu'au bout d'espérance repaître?
Nous vivons à tâtons, et dans ce monde ici
Souvent avec travail on poursuit du souci :
Car les dieux, courroucés contre la race humaine,
Ont mis avec les biens la sueur et la peine.
Le monde est un brelan où tout est confondu.
Tel pense avoir gagné, qui souvent a perdu,

(1) François-Annibal, frère de Gabrielle d'Estrées.

Ainsi qu'en une banque où par hasard on tire ;
Et qui voudroit choisir souvent prendroit le pire.
Tout dépend du destin, qui, sans avoir égard,
Les faveurs et les biens en ce monde départ.
Mais puisqu'il est ainsi que le sort nous emporte
Qui voudroit se bander contre une loi si forte ?
Suivons donc sa conduite en cet aveuglement.
Qui pèche avec le ciel, pèche honorablement.
Car penser s'affranchir, c'est une rêverie.
La liberté par songe en la terre est chérie.
Rien n'est libre en ce monde ; et chaque homme
        dépend
Comtes, princes, sultans, de quelque autre plus
        grand.
Tous les hommes vivants sont ici-bas esclaves ;
Mais suivant ce qu'ils sont, ils diffèrent d'entra-
        ves ;
Les uns les portent d'or, et les autres de fer :
Mais, n'en déplaise aux vieux, ni leur philoso-
        pher,
Ni tant de beaux écrits qu'on lit en leurs écoles,
Pour s'affranchir l'esprit ne sont que des paroles.
    Puis, que peut-il servir aux mortels ici-bas,
Marquis, d'être savants, ou de ne l'être pas,
Si la science, pauvre, affreuse et méprisée,
Sert au peuple de fable, aux plus grands de risée,
Si les gens de latin des sots sont dénigrés ,
Et si l'on n'est docteur sans prendre ses degrés ?

Du siècle les mignons, fils de la poule blanche,
Ils tiennent à leur gré la fortune en la manche ;
En crédit élevés ils disposent de tout,
Et n'entreprennent rien qu'ils n'en viennent à
      bout.
Mais quoi ! me diras-tu, il t'en faut autant faire.
Qui ose a peu souvent la fortune contraire.
Importune le Louvre et de jour et de nuit :
Perds pour t'assujettir et la table et le lit :
Sois entrant, effronté, et sans cesse importune :
En ce temps l'impudence élève la fortune.
Il est vrai ; mais pourtant je ne suis point d'avis
De dégager mes jours pour les rendre asservis ;
Car pour dire le vrai, c'est un pays étrange,
Où comme un vrai Protée à toute heure on se
      change,
Où les lois, par respect sages humainement,
Confondent le loyer avec le châtiment ;
Et pour un même fait, de même intelligence,
L'un est justicié, l'autre aura récompense.
Car selon l'intérêt, le crédit ou l'appui,
Le crime se condamne et s'absout aujourd'hui.
Or, quant à ton conseil qu'à la cour je m'engage,
Je n'en ai pas l'esprit, non plus que le courage.
Il faut trop de savoir et de civilité,
Et, si j'ose en parler, trop de subtilité.
Ce n'est pas mon humeur : je suis mélancolique ;
Je ne suis point entrant ; ma façon est rustique ;

Et le surnom de bon me va-t-on reprochant,
D'autant que je n'ai pas l'esprit d'être méchant.
Et puis, je ne saurois me forcer, ni me feindre.
Trop libre en volonté, je ne me puis contraindre.
Je ne saurois flatter, et ne sais point comment
Il faut se taire accort, ou parler faussement,
Bénir les favoris de geste et de paroles,
Parler de leurs aïeux au jour de Cérizolles (1),
Des hauts faits de leur race, et comme ils ont acquis
Ce titre avec honneur de ducs et de marquis.
Je n'ai point tant d'esprit pour tant de menterie.
Je ne puis m'adonner à la cageollerie ;
Selon les accidents, les humeurs, ou les jours,
Changer, comme d'habits, tous les mois de discours.
Suivant mon naturel, je hais tout artifice ;
Je ne puis déguiser la vertu, ni le vice ;
Offrir tout de la bouche, et, d'un propos menteur,
Dire, Pardieu ! monsieur, je vous suis serviteur.
De porter un poulet je n'ai la suffisance :
Je ne suis point adroit, je n'ai point d'éloquence
Pour colorer un fait, ou détourner la foi :
Prouver qu'un grand amour n'est sujet à la loi ;

---

(1) Fameuse bataille gagnée en 1545, par l'armée de François I, commandée par le duc d'Enguien, sur celle de l'empereur Charles-Quint.

Suborner par discours une femme coquette;
Lui conter des chansons de Jeanne et de Paquette;
Débaucher une fille, et par vives raisons
Lui montrer comme Amour fait les bonnes mai-
     sons,
Les maintient, les élève; et, propice aux plus
     belles,
En honneur les avance, et les fait demoiselles ;
Que c'est pour leurs beaux nez que se font les bal-
     lets ;
Qu'elles sont le sujet des vers et des poulets ;
Alléguant maint exemple en ce siècle où nous
     sommes
Qu'il n'est rien si facile à prendre que les hommes;
Et qu'on ne s'enquiert plus s'elle a fait le pour-
     quoi,
Pourvu qu'elle soit riche, et qu'elle ait bien de
     quoi.
Quand elle auroit suivi le camp à la Rochelle (1) ,
S'elle a force ducats, elle est toute pucelle.
L'honneur estropié, languissant et perclus,
N'est plus rien qu'un idole en qui l'on ne croit
     plus.
Or pour dire ceci il faut force mystère ;

---

(1) Cette ville, où s'étoient réfugiés les Calvinistes,
fut assiégée en 1573 par Henri, duc d'Anjou, frère du
roi Charles IX.

Et de mal discourir, il vaut bien mieux se taire.
Il faut être trop prompt, écrire à tout propos,
Perdre pour un sonnet et sommeil et repos.
Puis ma muse est trop chaste, et j'ai trop de cou-
     rage,
Et ne puis pour autrui façonner un ouvrage.
Pour moi j'ai de la cour autant comme il m'en
     faut :
Le vol de mon dessein ne s'étend point si haut :
De peu je suis content ; encore que mon maître,
S'il lui plaisoit un jour mon travail reconnoître,
Peut autant qu'autre prince, et a trop de moyen
D'élever ma fortune et me faire du bien.
Que me sert de m'asseoir le premier à la table,
Si la faim d'en avoir me rend insatiable,
Et si le faix léger d'une double évêché,
Me rendant moins content, me rend plus empê-
     ché ;
Si la gloire et la charge à la peine adonnée
Rend sous l'ambition mon ame infortunée ?
Et quand la servitude a pris l'homme au collet,
J'estime que le prince est moins que son valet.
C'est pourquoi je ne tends à fortune si grande :
Loin de l'ambition, la raison me commande,
Et ne prétends avoir autre chose sinon
Qu'un simple bénéfice, et quelque peu de nom,
Afin de pouvoir vivre avec quelque assurance,
Et de m'ôter mon bien que l'on ait conscience.

Alors vraiment heureux, les livres feuilletant,
Je rendrois mon desir et mon esprit content.
Car sans le revenu l'étude nous abuse,
Et le corps ne se paît aux banquets de la muse.
Sais-tu, pour savoir bien, ce qu'il nous faut sa-
    voir?
C'est s'affiner le goût, de connoître et de voir,
Apprendre dans le monde et lire dans la vie
D'autres secrets plus fins que de philosophie,
Et qu'avec la science il faut un bon esprit.
Or entends à ce point ce qu'un Grec en écrit :
Jadis un loup, dit-il, que la faim époinçonne,
Sortant hors de son fort rencontre une lionne,
Rugissante à l'abord, et qui montroit aux dents
L'insatiable faim qu'elle avoit au-dedans.
Furieuse elle approche; et le loup qui l'avise
D'un langage flatteur lui parle et la courtise :
Car ce fut de tout temps que, ployant sous l'effort,
Le petit cède au grand, et le foible au plus fort.
Lui, dis-je, qui craignoit que, faute d'autre proie,
La bête l'attaquât, ses ruses il emploie.
Mais enfin le hasard si bien le secourut,
Qu'un mulet gros et gras à leurs yeux apparut.
Ils cheminent dispos, croyant la table prête,
Et s'approchent tous deux assez près de la bête.
Le loup qui la connoît, malin et défiant,
Lui regardant aux pieds, lui parloit en riant :
D'où es-tu? qui es-tu? quelle est ta nourriture,

Ta race, ta maison, ton maître, ta nature ?
Le mulet, étonné de ce nouveau discours,
De peur ingénieux, aux ruses eut recours ;
Et, comme les Normands, sans lui répondre,
        Voire !
Compère, ce dit-il, je n'ai point de mémoire ;
Et comme sans esprit ma grand' mère me vit,
Sans m'en dire autre chose, au pied me l'écrivit.
Lors il lève la jambe au jarret ramassée ;
Et d'un œil innocent il couvroit sa pensée,
Se tenant suspendu sur les pieds en avant.
Le loup qui l'aperçoit se lève de devant,
S'excusant de ne lire avec cette parole,
Que les loups de son temps n'alloient point à l'é-
        cole.
Quand la chaude lionne, à qui l'ardente faim
Alloit précipitant la rage et le dessein,
S'approche, plus savante, en volonté de lire.
Le mulet prend le temps, et du grand coup qu'il
        tire
Lui enfonce la tête, et d'une autre façon,
Qu'elle ne savoit point, lui apprit sa leçon.
Alors le loup s'enfuit, voyant la bête morte,
Et de son ignorance ainsi se réconforte :
N'en déplaise aux docteurs, cordeliers, jacobins,
Pardieu, les plus grands clercs ne sont pas les plus
        fins.

A M. MOTIN.

SATIRE IV.

LA POÉSIE TOUJOURS PAUVRE.

Motin, la muse est morte, ou la faveur pour elle.
n vain dessus Parnasse Apollon on appelle,
n vain par le veiller on acquiert du savoir,
i Fortune s'en moque, et s'on ne peut avoir
i honneur, ni crédit, non plus que si nos peines
toient fables du peuple inutiles et vaines.
r va, romps-toi la tête; et de jour et de nuit
âlis dessus un livre, à l'appétit d'un bruit
ui nous honore après que nous sommes sous
    terre,
't de te voir paré de trois brins de lierre (1),
omme s'il importoit, étant ombres là-bas,
ue notre nom vécût, ou qu'il ne vécût pas.
onneur hors de saison, inutile mérite,
ui vivants nous trahit, et qui morts ne profite;

(1) La couronne de lierre étoit donnée aux poëtes:

Prima feres hederæ victricis præmia.

HOR.

2,

Sans soins de l'avenir je te laisse le bien,
Qui vient à contre-poil alors qu'on ne sent rien,
Puisque vivant ici de nous on ne fait conte,
Et que notre vertu engendre notre honte.
Donc par d'autres moyens à la cour familiers,
Par vice, ou par vertu, acquérons des lauriers,
Puisqu'en ce monde ici on n'en fait différence,
Et que souvent par l'un l'autre se récompense.
Apprenons à mentir, nos propos déguiser,
A trahir nos amis, nos ennemis baiser,
Faire la cour aux grands, et dans leurs anticham-
    bres,
Le chapeau dans la main, nous tenir sur nos mem-
    bres,
Sans oser ni cracher, ni tousser, ni s'asseoir,
Et, nous couchant au jour, leur donner le bon soir.
Car puisque la fortune aveuglément dispose
De tout, peut-être enfin aurons-nous quelque
    chose.
Or, laissons donc la muse, Apollon, et ses vers;
Laissons le luth, la lyre, et ces outils divers
Dont Apollon nous flatte; ingrate frénésie,
Puisque pauvre et quaymande on voit la poésie,
Où j'ai par tant de nuits mon travail occupé.
Mais quoi! je te pardonne; et si tu m'as trompé,
La honte en soit au siècle, où, vivant d'âge en âge,
Mon exemple rendra quelque autre esprit plus
    sage.

Mais pour moi, mon ami, je suis fort mal payé
D'avoir suivi cet art. Si j'eusse étudié
Jeune, laborieux, sur un banc à l'école,
Galien, Hippocrate, ou Jason, ou Barthole,
Une cornette au cou debout dans un parquet,
A tort et à travers je vendrois mon caquet.
Il est vrai que le ciel, qui me regarda naître,
S'est de mon jugement toujours rendu le maître;
Et bien que, jeune enfant, mon père me tançât,
Et de verges souvent mes chansons menaçât,
Me disant de dépit, et bouffi de colère :
« Badin, quitte ces vers ; et que penses-tu faire ?
La muse est inutile ; et si ton oncle (1) a su
S'avancer par cet art, tu t'y verras deçu.
Un même astre toujours n'éclaire en cette terre :
Mars tout ardent de feux nous menace de
      guerre (2),
Tout le monde frémit ; et ces grands mouvements
Couvent en leurs fureurs de piteux changements.
Penses-tu que le luth, et la lyre des poetes
S'accorde d'harmonie avecque les trompettes ?
Les plus grands de ton temps, dans le sang aguer-
      ris
Comme en Thrace seront brutalement nourris,
Qui rudes n'aimeront la lyre de la muse,

---

(1) Philippe Desportes.
(2) Les guerres civiles de la ligue.

Non plus qu'une vielle ou qu'une cornemuse.
Laisse donc ce métier, et sage prends le soin
De t'acquérir un art qui te serve au besoin. »
    Je ne sais, mon ami, par quelle prescience,
Il eut de nos destins si claire connoissance,
Mais pour moi, je sais bien que, sans en faire cas,
Je méprisois son dire, et ne le croyois pas,
Bien que mon bon démon souvent me dît le même.
Mais quand la passion en nous est si extrême,
Les avertissements n'ont ni force, ni lieu,
Et l'homme croit à peine aux paroles d'un Dieu.
Ainsi me tançoit-il d'une parole émue ;
Mais comme en se tournant je le perdois de vue,
Je perdis la mémoire avecque ses discours,
Et rêveur m'égarai tout seul par les détours
Des antres et des bois, affreux et solitaires,
Où la muse, en dormant, m'enseignoit ses mys-
        tères,
M'apprenoit des secrets, et, m'échauffant le sein,
De gloire et de renom relevoit mon dessein.
Inutile science, ingrate, et méprisée,
Qui sert de fable au peuple, et aux grands de risée!
Eusses-tu plus de feu, plus de soin, et plus d'art
Que Jodelle n'eut oncq', Desportes, ni Ronsard,
L'on te fera la moue ; et pour fruit de ta peine,
Ce n'est, ce dira-t-on, qu'un poete à la douzaine.
Car on n'a plus le goût comme on l'eut autrefois.
Apollon est gêné par de sauvages lois

Qui retiennent sous l'art sa nature offusquée,
Et de mainte figure est sa beauté masquée.
Si pour savoir former quatre vers ampoulés,
Faire tonner des mots mal joints et mal collés,
Ami, l'on étoit poete, on verroit (cas étrange!)
Les poetes plus épais que mouches en vendanges.
Or que dès ta jeunesse Apollon t'ait appris,
Que Calliope même ait tracé tes écrits,
Qu'ils soient pleins, relevés, et graves à l'oreille;
Qu'ils fassent sourciller les doctes de merveille :
Ne pense, pour cela, être estimé moins fol,
Et sans argent comptant qu'on te prête un licol,
Ni qu'on n'estime plus (humeur extravagante!)
Un gros âne pourvu de mille écus de rente.
Ce malheur est venu de quelques jeunes veaux
Qui mettent à l'encan l'honneur dans les bor-
     deaux ;
Et ravalant Phébus, les Muses et la Grace,
Font un bouchon à vin du laurier de Parnasse ;
A qui le mal de tête est commun et fatal,
Et vont bizarrement en poste en l'hôpital :
Et puis en leur chanson, sottement importune
Ils accusent les grands, le ciel et la fortune,
Qui fûtés de leurs vers en sont si rebattus,
Qu'ils ont tirés cet art du nombre des vertus ;
Tiennent à mal d'esprit leurs chansons indiscrè-
     tes,
Et les mettent au rang des plus vaines sornettes.

Encore quelques grands, afin de faire voir,
De Mécène rivaux, qu'ils aiment le savoir,
Nous voyent de bon œil, et tenant une gaule,
Ainsi qu'à leurs chevaux nous en flattent l'épaule,
Avecque bonne mine, et d'un langage doux
Nous disent souriant : Eh bien, que faites-vous ?
Avez-vous point sur vous quelque chanson nou-
    velle ?
J'en vis ces jours passés de vous une si belle,
Que c'est pour en mourir : ha! ma foi, je vois bien
Que vous ne m'aimez plus, vous ne me donnez
    rien.
Mais on lit à leurs yeux et dans leur contenance
Que la bouche ne parle ainsi que l'ame pense;
Et que c'est, mon ami, un grimoire et des mots
Dont tous les courtisans endorment les plus sots.

A M. BERTAUT, ÉVÈQUE DE SÉEZ.

SATIRE V.

LE GOUT PARTICULIER DÉCIDÉ DE TOUT.

Bertaut, c'est un grand cas, quoi que l'on puisse
    faire,
Il n'est moyen qu'un homme à chacun puisse
    plaire ;
Et fût-il plus parfait que la perfection,
L'homme voit par les yeux de son affection.
Chacun fait à son sens, dont sa raison s'escrime ;
Et tel blâme en autrui ce de quoi je l'estime.
Tout, suivant l'intellect, change d'ordre et de
    rang :
Les Mores aujourd'hui peignent le diable blanc.
Le sel est doux aux uns, le sucre amer aux autres ;
L'on reprend tes humeurs, ainsi qu'on fait les
    nôtres.
Les critiques du temps m'appellent débauché,
Que je suis jour et nuit aux plaisirs attaché,
Que j'y perds mon esprit, mon ame et ma jeunesse.
Les autres, au rebours, accusent ta sagesse,
Et ce hautain desir qui te fait mépriser

Plaisirs, trésors, grandeurs, pour t'immortaliser.
Ainsi les actions aux langues sont sujettes.
Mais ces divers rapports sont de foibles sagettes,
Qui blessent seulement ceux qui sont mal armés;
Non pas les bons esprits, à vaincre accoutumés,
Qui savent avisés, avecque différence,
Séparer le vrai bien du fard de l'apparence.
Ce qui plaît à l'œil sain offense un chassieux;
L'eau se jaunit en bile au corps du bilieux;
Le sang d'un hydropique en pituite se change,
Et l'estomac gâté pourrit tout ce qu'il mange.
De la douce liqueur rosoyante du ciel,
L'une en fait le venin, et l'autre en fait le miel.
Ainsi c'est la nature et l'humeur des personnes,
Et non la qualité, qui rend les choses bonnes.
Charnellement se joindre avec sa parenté,
En France, c'est inceste; en Perse, charité.
Tellement qu'à tout prendre, en ce monde où nous
        sommes,
Et le bien et le mal dépend du goût des hommes.
    Or, sans me tourmenter des divers appétits,
Quels ils sont aux plus grands, et quels aux plus
        petits,
Je te veux discourir comme je trouve étrange
Le chemin d'où nous vient le blâme et la louange,
Et comme j'ai l'esprit de chimères brouillé,
Voyant qu'un More noir m'appelle barbouillé,
Que les yeux de travers s'offensent que je lorgne,

Et que les Quinze-vingts disent que je suis borgne.
C'est ce qui me déplaît, encor que j'aie appris
En mon philosopher d'avoir tout à mépris.
Penses-tu qu'à présent un homme a bonne grace,
Qui dans le Four-l'Evêque (1) entérine sa grace,
Ou l'autre qui poursuit des abolitions,
De vouloir jeter l'œil dessus mes actions?
Un traître, un usurier qui, par miséricorde,
Par argent ou faveur, s'est sauvé de la corde!
Moi qui dehors, sans plus, ai vu le Châtelet,
Et que jamais sergent ne saisit au colet,
Qui vis, selon les lois, et me contiens de sorte
Que je ne tremble point quand on heurte à ma
     porte,
Voyant un président le cœur ne me tressaut,
Et la peur d'un prévôt ne m'éveille en sursaut!
Scaures du temps présent, hypocrites sévères;
Un Claude effrontément parle des adultères;
Milon, sanglant encor, reprend un assassin;
Gracche, un séditieux; et Verrès, le larcin.
Or pour moi, tout le mal que leur discours m'ob-
     jecte,
C'est que mon humeur libre à l'amour est sujette,
Que j'aime mes plaisirs, et que les passe-temps

---

(1) Le For-l'Evêque, *Forum Episcopi*, étoit alors le
siège de la jurisdiction épiscopale de Paris. Elle fut
réunie au Châtelet, en 1674.

Des amours m'ont rendu grison avant le temps,
Qu'il est bien mal-aisé que jamais je me change,
Et qu'à d'autres façons ma jeunesse se range.

Mon oncle m'a conté que, montrant à Ronsard
Tes vers étincelans et de lumière et d'art,
Il ne sut que reprendre en ton apprentissage,
Sinon qu'il te jugeoit pour un poete trop sage.
Et ores au contraire on m'objecte à péché
Les humeurs qu'en ta muse il eût bien recherché.
Toute chose en vivant avec l'âge s'altère.
Le débauché se rit des sermons de son père :
Et dans vingt et cinq ans venant à se changer,
Retenu, vigilant, soigneux et ménager,
De ces mêmes discours ses fils il admoneste,
Qui ne font que s'en rire et qu'en hocher la teste.
Chaque âge a ses humeurs, son goût et ses plaisirs;
Et, comme notre poil, blanchissent nos desirs.
Nature ne peut pas l'âge en l'âge confondre :
L'enfant qui sait déja demander et répondre,
Qui marque assurément la terre de ses pas,
Avecque ses pareils se plaît en ses ébats :
Il fuit, il vient, il parle, il pleure, il saute d'aise;
Sans raison d'heure en heure il s'émeut et s'ap-
    paise.
Croissant l'âge en avant, sans soin de gouverneur,
Relevé, courageux, et cupide d'honneur,
Il se plaît anx chevaux, aux chiens, à la campa-
    gne ;

Facile au vice, il hait les vieux et les dédagne :
Rude à qui le reprend, paresseux à son bien,
Prodigue, dépensier, il ne conserve rien ;
Hautain, audacieux, conseiller de soi-même,
Et d'un cœur obstiné s'aheurte à ce qu'il aime.
L'âge au soin se tournant, homme fait, il acquiert
Des biens et des amis, si le temps le requiert ;
Il masque ses discours comme sur un théâtre ;
Subtil, ambitieux, l'honneur il idolâtre :
Son esprit avisé prévient le repentir,
Et se garde d'un lieu difficile à sortir.
Maints fâcheux accidens surprennent sa vieil-
    lesse :
Soit qu'avec du souci gagnant de la richesse,
Il s'en défend l'usage, et craint de s'en servir,
Que tant plus il en a, moins s'en peut assouvir :
Ou soit qu'avec froideur il fasse toute chose,
Imbécille, douteux, qui voudroit et qui n'ose,
Dilayant, qui toujours a l'œil sur l'avenir ;
De léger il n'espère, et croit au souvenir :
Il parle de son temps ; difficile et sévère,
Censurant la jeunesse, use des droits de père ;
Il corrige, il reprend, hargneux en ses façons,
Et veut que tous ses mots soient autant de leçons.

   Voilà donc, de par Dieu, comme tourne la vie,
Ainsi diversement aux humeurs asservie,
Que chaque âge départ à chaque homme en vivant,
De son tempérament la qualité suivant.

Et moi qui, jeune encor, en mes plaisirs m'égaie,
Il faudra que je change; et, malgré que j'en aie,
Plus soigneux devenu, plus froid et plus rassis,
Que mes jeunes pensers cèdent aux vieux soucis.
　　Aussi qu'importe-t-il de mal ou de bien faire,
Si de nos actions un juge volontaire,
Selon ses appétits, les décide et les rend
Dignes de récompense, ou d'un supplice grand;
Si toujours nos amis en bon sens les expliquent,
Et si tout au rebours nos haineux nous en piquent?
Chacun selon son goût s'obstine en son parti,
Qui fait qu'il n'est plus rien qni ne soit perverti.
La vertu n'est vertu; l'envie la déguise,
Et de bouche, sans plus, le vulgaire la prise.
Au lieu du jugement règnent les passions,
Et donne l'intérêt, le prix aux actions.
Ainsi ce vieux rêveur qui naguères à Rome
Gouvernoit un enfant et faisoit le prud'homme,
Contrecarroit Caton, critique en ses discours,
Qui toujours rechignoit, et reprenoit toujours;
Après que cet enfant s'est fait plus grand par l'âge,
Revenant à la cour d'un si lointain voyage,
Ce critique, changeant d'humeurs et de cerveau,
De son pédant qu'il fut, devient son maquereau.
Donc à si peu de frais la vertu se profane,
Se déguise, se masque, et devient courtisane,
Se tranforme aux humeurs, suit le cours du mar-
　　ché,

Et dispense les gens de blâme et de péché.

Pères des siècles vieux, la vertu simple et pure,
Sans fard, de votre temps, imitoit sa nature,
Austère en ses façons, sévère en ses propos,
Qui dans un labeur juste égayoit son repos ;
Et sans penser aux biens où le vulgaire pense,
Elle étoit votre prix et votre récompense :
Où la nôtre aujourd'hui qu'on révère ici-bas
Va la nuit dans le bal, et danse les cinq pas,
Se parfume, se frise, et de façons nouvelles
Veut avoir par le fard du nom entre les belles ;
Fait crever les courtaux en chassant aux forêts ;
Court le faquin, la bague ; escrime des fleurets ;
Monte un cheval de bois, fait dessus des pomma-
          des ;
Talonne le genet, et le dresse aux passades ;
Chante des airs nouveaux, invente des balets,
Sait écrire et porter les vers et les poulets ;
A l'œil toujours au guet pour des tours de sou-
          plesse ;
Glose sur les habits et sur la gentillesse ;
Se plait à l'entretien, commente les bons mots,
Et met à même prix les sages et les sots.
Et ce qui plus encor m'empoisonne de rage,
Est quand un charlatan relève son langage,
Et, de coquin, faisant le prince revêtu,
Bâtit un paranymphe à sa belle vertu ;
Et qu'il n'est crocheteur, ni courtaut de boutique,

Qui n'estime à vertu l'art où sa main s'applique ;
Et qui, paraphrasant sa gloire et son renom,
Entre les vertueux ne veuille avoir du nom.
Voilà comme à présent chacun l'adultérise,
Et forme une vertu comme il plait à sa guise.
Elle est comme au marché dans les impressions :
Et, s'adjugeant aux taux de nos affections,
Fait que par le caprice, et non par le mérite,
Le blâme et la louange au hasard se débite ;
Et peut un jeune sot, suivant ce qu'il conçoit,
Ou ce que par ses yeux son esprit en reçoit,
Donner son jugement, en dire ce qu'il pense,
Et mettre sans respect notre honneur en balance.
Mais puisque c'est le temps, méprisant les rumeurs
Du peuple, laissons là le monde en ses humeurs ;
Et si selon son goût un chacun en peut dire,
Mon goût sera, Bertaut, de n'en faire que rire.

A M. DE BÉTHUNE,
étant ambassadeur pour sa majesté à Rome.

SATIRE VI.

L'HONNEUR, ENNEMI DE LA VIE.

ÉTHUNE, si la charge où ta vertu s'amuse
permet écouter les chansons que la muse,
ssus les bords du Tibre et du mont Palatin,
e fait dire en françois au rivage latin (1),
, comme au grand Hercule à la poitrine large,
tre Atlas de son faix sur ton dos se décharge,
commet de l'état l'entier gouvernement,
outé ce discours tissu bizarrement.
Non, ce n'est point de voir en règne la sottise,
varice et le luxe entre les gens d'église,
justice à l'encan, l'innocent oppressé,
conseil corrompu suivre l'intéressé,
s états pervertis, toute chose se vendre,
n'avoir du crédit qu'au prix qu'on peut dépen-
     dre :

1) Regnier composa cette satire à Rome, où il étoit
à la suite de M. de Béthune ; il en prit le sujet dans
x Capitoli du Mauro, poëte italien.

Ni moins, que la valeur n'ait ici plus de lieu,
Que la noblesse courre en poste à l'Hôtel-Dieu,
Que les jeunes oisifs aux plaisirs s'abandonnent,
Que les femmes du temps soient à qui plus leur
    donnent,
Que l'usure ait trouvé, bien que je n'ai de quoi,
Tant elle a bonnes dents, que mordre dessus moi.
Tout ceci ne me pèse, et l'esprit ne me trouble.
Que tout s'y pervertisse, il ne m'en chaut d'un
    double.
Du temps ni de l'état il ne faut s'affliger.
Selon le vent qu'il fait l'homme doit naviger.
Mais ce dont je me deuils est bien une autre chose,
Qui fait que l'œil humain jamais ne se repose,
Qu'il s'abandonne en proie aux soucis plus cui-
    sans.
Ha! que ne suis-je roi pour cent ou six-vingts ans!
Par un édit public qui fût irrévocable,
Je bannirois l'honneur, ce monstre abominable,
Qui nous trouble l'esprit, et nous charme si bien
Que sans lui les humains ici ne voyent rien;
Qui trahit la nature, et qui rend imparfaite
Toute chose qu'au goût les délices ont faite.
L'honneur, qui sous faux titre habite avecque
    nous;
Qui nous ôte la vie et les plaisirs plus doux;
Qui trahit notre espoir, et fait que l'on se peine
Après l'éclat fardé d'une apparence vaine;

Qui sèvre les desirs, et passe méchamment
La plume par le bec à notre sentiment;
Qui nous veut faire entendre, en ses vaines chi-
  mères,
Que pour ce qu'il nous touche il se perd, si nos
  mères,
Nos femmes et nos sœurs font leurs maris jaloux :
Comme si leurs desirs dépendissent de nous.
  Je pense, quant à moi, que cet homme fut ivre,
Qui changea le premier l'usage de son vivre,
Et, rangeant sous des lois les hommes écartés,
Bâtit premièrement et villes et cités ;
De tours et de fossés renforça nos murailles,
Et renferma dedans cent sortes de quenailles.
De cet amas confus naquirent à l'instant
L'envie, le mépris, le discord inconstant,
La peur, la trahison, le meurtre, la vengeance,
L'horrible désespoir, et toute cette engeance
De maux qu'on voit régner en l'enfer de la cour,
Dont un pédant de diable (1) en ses leçons dis-
  court,
Quand par art il instruit ses écoliers pour être,
S'il se peut faire, en mal plus grands clercs que
  leur maître.
Ainsi la liberté du monde s'envola ;
Et chacun se campant, qui deçà, qui delà,

---

(1) Machiavel.

De haies, de buissons, remarqua son partage;
Et la fraude fit lors la figue au premier âge.
Lors du mien et du tien naquirent les procès,
A qui l'argent départ bon ou mauvais succès.
Le fort battit le foible, et lui livra la guerre.
De là l'ambition fit envahir la terre,
Qui fut, avant le temps que survinrent ces maux,
Un hôpital commun à tous les animaux;
Quand le mari de Rhée, au siècle d'innocence,
Gouvernoit doucement le monde en son enfance;
Que la terre de soi le froment rapportoit;
Que le chêne de manne et de miel dégouttoit;
Que tout vivoit en paix; qu'il n'étoit point d'usu-
        res;
Que rien ne se vendoit par poids ni par mesures;
Qu'on n'avoit point de peur qu'un procureur-
        fiscal
Formât sur une aiguille un long procès-verbal;
Et se jetant d'aguet dessus votre personne,
Qu'un barisel vous mît dedans la tour de
        Nonne (1).
Mais sitôt que le fils le père déchassa,
Tout sens dessus dessous ici se renversa.
Les soucis, les ennuis, nous brouillèrent la tête;

---

(1) Ancienne tour qui servoit, à Rome, de prison;
elle fut démolie vers 1699, et l'on bâtit un théâtre sur
son emplacement, près du pont Saint-Ange.

L'on ne pria les saints qu'au fort de la tempête ;
L'on trompa son prochain, la médisance eut lieu,
Et l'hypocrite fit barbe de paille à Dieu.
L'homme trahit sa foi, d'où vinrent les notaires,
Pour attacher au joug les humeurs volontaires.
La faim et la cherté se mirent sur le rang ;
La fièvre, les charbons, le maigre flux de sang,
Commencèrent d'éclore, et tout ce que l'automne,
Par le vent de midi, nous apporte et nous donne.
Les soldats, puis après, ennemis de la paix,
Qui de l'avoir d'autrui ne se soûlent jamais,
Troublèrent la campagne, et, saccageant nos
    villes,
Par force en nos maisons violèrent nos filles ;
D'où naquit le bordeau qui, s'élevant debout,
A l'instant, comme un dieu, s'étendit tout par-
    tout.
Encore tous ces maux ne seroient que fleurettes,
Sans ce maudit honneur, ce conteur de sornettes ;
Mais ce traître cruel, excédant tout pouvoir,
Nous fait suer le sang sous un pesant devoir ;
De chimères nous pipe, et nous veut faire accroire
Qu'au travail seulement doit consister la gloire ;
Qu'il faut perdre et sommeil, et repos et repas,
Pour tâcher d'acquérir un sujet qui n'est pas,
Ou s'il est, qui jamais aux yeux ne se découvre ;
Et, perdu pour un coup, jamais ne se recouvre ;
Qui nous gonfle le cœur de vapeur et de vent,

Et d'excès par lui-même il se perd bien souvent.
  Puis on adorera cette menteuse idole !
Pour oracle on tiendra cette croyance folle
Qu'il n'est rien de si beau que tomber bataillant;
Qu'aux dépens de son sang il faut être vaillant,
Mourir d'un coup de lance, ou du choc d'une pi-
    que,
Comme les paladins de la saison antique;
Et répandant l'esprit, blessé par quelque endroit,
Que notre ame s'envole en paradis tout droit !
  Ha! que c'est chose belle, et fort bien ordonnée,
Dormir dedans un lit la grasse matinée,
En dame de Paris s'habiller chaudement,
A la table s'asseoir, manger humainement !
Ah Dieu! pourquoi faut-il que mon esprit ne vaille
Autant que cil qui mit les souris en bataille (1),
Qui sut à la grenouille apprendre son caquet,
Ou que l'autre qui fit en vers un so piquet (2) ?
Je ferois, éloigné de toute raillerie,
Un poeme grand et faux de la poltronnerie,
En dépit de l'honneur, et des femmes qui l'ont
D'effet sous la chemise, ou d'apparence au front ;
Et m'assure pour moi, qu'en ayant lu l'histoire,
Elles ne seroient plus si sottes que d'y croire.
  Celui le peut bien dire, à qui dès le berceau

---

(1) Homère, *la Batrachomyomachie*.
(2) Virgile, dans son poëme intitulé, *Moretum*.

Ce malheureux honneur a tins le bec en l'eau,
Qui le traîne à tâtons, quelque part qu'il puisse
    être,
Ainsi que fait un chien un aveugle son maître
Qui s'en va doucement après lui pas à pas,
Et librement se fie à ce qu'il ne voit pas.
S'il veut que plus long-temps à ses discours je
    croie,
Qu'il m'offre à tout le moins quelque chose qu'on
    voie
Et qu'on savoure, afin qu'il se puisse savoir
Si le goût dément point ce que l'œil en peut voir.
    Que font tous ces vaillants de leur valeur güer-
    rière,
Qui touchent du penser l'étoile poussinière,
Morguent la destinée, et gourmandent la mort,
Contre qui rien ne dure, et rien n'est assez fort;
Et qui, tout transparents de claire renommée,
Dressent cent fois le jour en discours une armée,
Donnent quelque bataille, et tuant un chacun,
Font que mourir et vivre à leur dire n'est qu'un,
Relevés, emplumés, braves comme saint George?
Et Dieu sait cependant s'ils mentent par la gorge:
Et bien que de l'honneur ils fassent des leçons,
Enfin au fond du sac ce ne sont que chansons.
    Mais, mon Dieu! que ce traître est d'une
    étrange sorte!
Tandis qu'à le blâmer la raison me transporte,

Que de lui je médis , il me flatte , et me dit
Que je veux par ces vers acquérir son crédit ;
Que c'est ce que ma muse en travaillant pour-
        chasse ,
Et mon intention , qu'être en sa bonne grace ;
Qu'en médisant de lui je le veux requérir ;
Et tout ce que je fais , que c'est pour l'acquérir.
Si ce n'est qu'on diroit qu'il me l'auroit fait faire ,
Je l'irois appeler comme mon adversaire :
Aussi que le duel est ici défendu (1) ,
Et que d'une autre part j'aime l'individu.
    Mais tandis qu'en colère à parler je m'arrête ,
Je ne m'apperçois pas que la viande est prête ;
Qu'ici, non plus qu'en France, on ne s'amuse pas
A discourir d'honneur quand on prend son repas.
Le sommeiller en hâte est sorti de la cave :
Déja monsieur le maître et son monde se lave.
Trèves avec l'honneur. Je m'en vais tout courant
Décider au tinel un autre différent.

---

(1) Henri IV défendit les duels par deux édits, l'un
du mois de juin 1602 , et l'autre de l'année 1609.

A M. LE MARQUIS DE CŒUVRES.

SATIRE VII.

L'AMOUR QU'ON NE PEUT DOMPTER.

Sotte et fâcheuse humeur de la plupart des
    hommes,
Qui, suivant ce qu'ils sont, jugent ce que nous
    sommes,
Et, sucrant d'un souris un discours ruineux,
Accusent un chacun des maux qui sont en eux !
Notre mélancolie en sauroit bien que dire,
Qui nous pique en riant, et nous flatte sans rire,
Qui porte un cœur de sang dessous un front blêmi,
Et duquel il vaut moins être ami qu'ennemi.
Vous qui, tout au contraire, avez dans le courage
Les mêmes mouvements qu'on vous lit au visage;
Et qui, parfait ami, vos amis épargnez;
Et de mauvais discours leur vertu n'éborgnez;
Connoissant donc en vous une vertu facile
A porter les défauts d'un esprit imbécille
Qui dit, sans aucun fard, ce qu'il sent librement,
Et dont jamais le cœur la bouche ne dément,
Comme à mon confesseur vous ouvrant ma pen-
    sée,

De jeunesse et d'amour follement insensée,
Je vous conte le mal où trop enclin je suis,
Et que prêt à laisser, je ne veux et ne puis :
Tant il est mal-aisé d'ôter avec l'étude
Ce qu'on a de nature, ou par longue habitude !
J'obéis au caprice, et sans discrétion ;
La raison ne peut rien dessus ma passion.
Nulle loi ne retient mon ame abandonnée ;
Ou soit par volonté, ou soit par destinée,
En un mal évident je clos l'œil à mon bien :
Ni conseil, ni raison, ne me servent de rien.
Je choppe par dessein ; ma faute est volontaire :
Je me bande les yeux, quand le soleil m'éclaire ;
Et, content de mon mal, je me tiens trop heureux
D'être, comme je suis, en tous lieux amoureux.
Et comme à bien aimer mille causes m'invitent,
Aussi mille beautés mes amours ne limitent ;
Et, courant çà et là, je trouve tous les jours,
En des sujets nouveaux, de nouvelles amours.
Si de l'œil du desir une femme j'avise,
Ou soit belle, ou soit laide, ou sage, ou mal ap-
        prise,
Elle aura quelque trait qui, de mes sens vainqueur,
Me passant par les yeux, me blessera le cœur.
Et c'est comme un miracle, en ce monde où nous
        sommes,
Tant l'aveugle appétit ensorcelle les hommes,
Qu'encore qu'une femme aux Amours fasse peur,

Que le Ciel, et Vénus la voye à contre-cœur ;
Toutefois, étant femme, elle aura ses délices,
Relévera sa grace avec des artifices
Qui dans l'état d'Amour la sauront maintenir,
Et par quelques attraits les amants retenir.
Si quelqu'une est difforme, elle aura bonne grace,
Et par l'art de l'esprit embellira sa face :
Captivant les amants, de mœurs, ou de discours,
Elle aura du crédit en l'empire d'Amours.
En cela l'on connoît que la nature est sage,
Qui, voyant les défauts du féminin ouvrage,
Qu'il seroit, sans respect, des hommes méprisé,
L'anima d'un esprit et vif et déguisé ;
D'une simple innocence elle adoucit sa face ;
Elle lui mit au sein la ruse et la fallace ;
Dans sa bouche, la foi qu'on donne à ses discours,
Dont ce sexe trahit les cieux et les amours :
Et selon, plus ou moins, qu'elle étoit belle, ou
      laide,
Sage, elle sut si bien user d'un bon remède,
Divisant de l'esprit la grace et la beauté,
Qu'elle les sépara d'un et d'autre côté ;
De peur qu'en les joignant, quelqu'une eût l'avan-
      tage,
Avec un bel esprit, d'avoir un beau visage.
La belle, du depuis, ne le recherche point ;
Et l'esprit rarement à la beauté se joint.
Or, afin que la laide, autrement inutile,

Dessous le joug d'amour rendît l'homme servile,
Elle ombragea l'esprit d'un morne aveuglement,
Avecque le desir troublant le jugement,
De peur que nulle femme, ou fût laide, ou fût
    belle,
Ne vécût sans le faire, et ne mourût pucelle.
    Ravi de tous objets, j'aime si vivement,
Que je n'ai pour l'amour ni choix, ni jugement.
De toute élection mon ame est dépourvue,
Et nul objet certain ne limite ma vue.
Toute femme m'agrée; et les perfections
Du corps ou de l'esprit troublent mes passions.
J'aime le port de l'une, et de l'autre la taille;
L'autre d'un trait lascif me livre la bataille;
Et l'autre, dédaignant, d'un œil sévère et doux,
Ma peine et mon amour, me donne mille coups:
Soit qu'une autre, modeste, à l'impourvu m'avise,
De vergogne et d'amour mon ame est toute éprise;
Je sens d'un sage feu mon esprit enflammer,
Et son honnêteté me contraint de l'aimer.
Si quelque autre, affectée en sa douce malice,
Gouverne son œillade avec de l'artifice,
J'aime sa gentillesse; et mon nouveau desir
Se la promet savante en l'amoureux plaisir.
Que l'autre parle livre, et fasse des merveilles,
Amour, qui prend par-tout, me prend par les
    oreilles;
Et juge par l'esprit, parfait en ses accords,

Des points plus accomplis que peut avoir le corps!
S'il'autre est, au rebours, des lettres nonchalante,
Je crois qu'au fait d'amour elle sera savante;
Et que nature, habile à couvrir son défaut,
Lui aura mis au lit tout l'esprit qu'il lui faut.
Ainsi, de toute femme à mes yeux opposée,
Soit parfaite en beauté, ou soit mal-composée,
De mœurs, ou de façons, quelque chose m'en plaît;
Et ne sais point comment, ni pourquoi, ni que
    c'est.
Quelque objet que l'esprit par mes yeux se figure,
Mon cœur, tendre à l'amour, en reçoit la pointure,
Comme un miroir en soi toute image reçoit,
Il reçoit en amour quelque objet que se soit.
Autant qu'une plus blanche il aime une brunette:
Si l'une a plus d'éclat, l'autre est plus sadinette;
Et, plus vive de feu, d'amour et de desir,
Comme elle en reçoit plus, donne plus de plaisir.
Mais sans parler de moi, que toute amour emporte:
Voyant une beauté folâtrement accorte,
Dont l'abord soit facile, et l'œil plein de douceur,
Que semblable à Vénus on l'estime sa sœur,
Que le ciel sur son front ait posé sa richesse,
Qu'elle ait le cœur humain, le port d'une déesse,
Qu'elle soit le tourment et le plaisir des cœurs,
Que Flore sous ses pas fasse naître des fleurs;
Au seul trait de ses yeux, si puissants sur les ames,

Les cœurs les plus glacés sont tous brûlants de
    flammes :
Et fût-il de métal, ou de bronze, ou de roc,
Il n'est moine si saint qui n'en quittât le froc.
    Ainsi, moi seulement sous l'amour je ne plie ;
Mais de tous les mortels la nature accomplie
Fléchit sous cet empire ; et n'est homme ici-bas
Qui soit exempt d'amour, non plus que du trépas.

A M. L'ABBÉ DE BEAULIEU,

nommé par sa majesté à l'évêché du Mans (1).

SATIRE VIII(2).

L'IMPORTUN, OU LE FACHEUX.

CHARLES, de mes péchés j'ai bien fait pénitence.
Or toi, qui te connois aux cas de conscience,
Juge si j'ai raison de penser être absous.
J'oyois un de ces jours la messe à deux genoux,
Faisant mainte oraison, l'œil au ciel, les mains
      jointes,
Le cœur ouvert aux pleurs, et tout percé de poin-
      tes;
Qu'un dévot repentir élançoit dedans moi,
Tremblant des peurs d'enfer, et tout brûlant de
      foi,
Quand un jeune frisé, relevé de moustache,
De galoche, de botte, et d'un ample panache,

---

(1) En 1601; il étoit fils du seigneur de Lavardin,
maréchal de France.

(2) Horace a traité le même sujet, lib. I, sat. 9.

Me vint prendre, et me dit, pensant dire un bon
    mot:
Pour un poete du temps, vous-êtes trop dévot.
Il me prit par la main, après mainte grimace,
Changeant, sur l'un des pieds, à toute heure de
    place,
Et dansant tout ainsi qu'un barbe encastelé,
Me dit, en remâchant un propos avalé:
Que vous êtes heureux, vous autres belles ames,
Favoris d'Apollon, qui gouvernez les dames,
Et, par mille beaux vers les charmez tellement,
Qu'il n'est point de beautés que pour vous seule-
    ment!
Mais vous les méritez; vos vertus non communes
Vous font dignes, monsieur, de ces bonnes fortu-
    nes.
Glorieux de me voir si hautement loué,
Je devins aussi fier qu'un chat amadoué;
Et sentant au palais mon discours se confondre,
D'un ris de saint Médard il me fallut répondre.
Je poursuis. Mais, ami, laissons-le discourir,
Dire cent et cent fois: Il en faudroit mourir;
Sa barbe pinçoter; cageoller la science;
Relever ses cheveux; dire: En ma conscience;
Faire la belle main; mordre un bout de ses gants;
Rire hors de propos; montrer ses belles dents;
Se carrer sur un pied; faire arser son épée;
Et s'adoucir les yeux ainsi qu'une poupée:

Cependant qu'en trois mots je te ferai savoir
Où premier, à mon dam, ce fâcheux me put voir.
  J'étois chez une dame en qui, si la satire
Permettoit en ces vers que je le pusse dire,
Reluit, environné de la divinité,
Un esprit aussi grand que grande est sa beauté.
Ce fanfaron chez elle eut de moi connoissance ;
Et ne fut de parler jamais en ma puissance,
Lui voyant ce jour-là son chapeau de velours,
Rire d'un fâcheux conte, et faire un sot discours ;
Bien qu'il m'eût à l'abord doucement fait entendre
Qu'il étoit mon valet, à vendre et à dépendre :
Et détournant les yeux : Belle, à ce que j'entends,
Comment ! vous gouvernez les beaux esprits du
      temps !
Et, faisant le doucet de parole et de geste,
Il se met sur un lit, lui disant : Je proteste
Que je me meurs d'amour quand je suis près de
      vous ;
Je vous aime si fort, que j'en suis tout jaloux.
Puis, rechangeant de note, il montre sa rotonde :
Cet ouvrage est-il beau ? Que vous semble du
      monde ?
L'homme que vous savez m'a dit qu'il n'aime rien.
Madame, à votre avis, ce jourd'hui suis-je bien ?
Suis-je pas bien chaussé ? ma jambe est-elle belle ?
Voyez ce taffetas ; la mode en est nouvelle ;
C'est œuvre de la Chine. A propos, on m'a dit

Que contre les clinquants le roi fait un édit (1).
Sur le coude il se met, trois boutons se délace :
Madame, baisez-moi ; n'ai-je pas bonne grace ?
Que vous êtes fâcheuse ! A la fin on verra,
Rosette, le premier qui s'en repentira (2).
D'assez d'autres propos il me rompit la tête.

Voilà quand et comment je connus cette bête ;
Te jurant, mon ami, que je quittai ce lieu
Sans demander son nom, et sans lui dire adieu.

Je n'eus depuis ce jour de lui nouvelle aucune.
Si ce n'est ce matin, que de male fortune
Je fus en cette église, où, comme j'ai conté,
Pour me persécuter Satan l'avoit porté.
Après tous ces propos qu'on se dit d'arrivée,
D'un fardeau si pesant ayant l'ame grevée,
Je chauvis de l'oreille, et, demeurant pensif,
L'échine j'alongeois comme un âne rétif,
Minutant me sauver de cette tyrannie.
Il le juge à respect. O ! sans cérémonie,
Je vous supply, dit-il, vivons en compagnons.

---

(1) Henri IV fit trois édits contre les clinquants et dorures ; le premier en 1594, le deuxième en 1601 et le troisième en 1606.

(2) Allusion à une villanelle de Desportes qui se chantoit alors, et qui avoit pour refrain :

Nous verrons, bergère Rosette,
Qui premier s'en repentira.

Ayant, ainsi qu'un pot, les mains sur les rognons,
Il me pousse en avant, me présente la porte,
Et, sans respect des saints, hors l'église il me porte.
Moi, pour m'en dépétrer, lui dire tout exprès :
Je vous baise les mains ; je m'en vais ici près
Chez mon oncle dîner. O Dieu ! le galant homme !
J'en suis. Et moi pour lors, comme un bœuf qu'on
   assomme ,
Je laisse cheoir la tête ; et bien peu s'en fallut ,
Remettant par dépit en la mort mon salut ,
Que je n'allasse lors , la tête la première ,
Me jeter du Pont-neuf à bas en la rivière.
Insensible , il me traîne en la cour du palais ,
Où trouvant par hasard quelqu'un de ses valets ,
Il l'appelle , et lui dit : Holà ! hau ! Ladreville ,
Qu'on ne m'attende point , je vais dîner en ville.
 Dieu sait si ce propos me traversa l'esprit !
Encor n'est-ce pas tout : il tire un long écrit ,
Que voyant je frémis. Lors , sans cajolerie ,
Monsieur , je ne m'entends à la chicannerie ,
Ce lui dis-je , feignant l'avoir vu de travers.
Aussi n'en est-ce pas ; ce sont de méchants vers
(Je connus qu'il étoit véritable à son dire)
Que, pour tuer le temps, je m'efforce d'écrire ;
Et pour un courtisan , quand vient l'occasion ,
Je montre que j'en sais pour ma provision.
Il lit ; et se tournant brusquement par la place,
Les banquiers étonnés admiroient sa grimace,
Et montroient en riant qu'ils ne lui eussent pas

4.

Prêté, sur son minois, quatre doubles ducats,
Que j'eusse bien donnés pour sortir de sa patte.
Je l'écoute; et durant que l'oreille il me flatte,
Le bon Dieu sait comment, à chaque fin de vers
Tout exprès je disois quelque mot de travers.
Il poursuit, nonobstant, d'une fureur plus grande,
Et ne cessa jamais qu'il n'eût fait sa légende.
Me voyant froidement ses œuvres avouer,
Il les serre, et se met lui-même à se louer :
Donc, pour un cavalier, n'est-ce pas quelque
    chose ?
Mais, monsieur, n'avez-vous jamais vu de ma
    prose ?
Moi de dire que si, tant je craignais qu'il eût
Quelque procès-verbal qu'entendre il me fallût.
Encore, dites-moi en votre conscience,
Pour un qui n'a du tout acquis nulle science,
Ceci n'est-il pas rare ? Il est vrai, sur ma foi,
Lui dis-je souriant. Lors, se tournant vers moi,
M'accole à tour de bras ; et, tout petillant d'aise,
Doux comme une épousée, à la joue il me baise ;
Puis, me flattant l'épaule, il me fit librement
L'honneur que d'approuver mon petit jugement.
Après cette caresse, il rentre de plus belle :
Tantôt il parle à l'un, tantôt l'autre l'appelle ;
Toujours nouveaux discours ; et tant fût-il hu-
    main ,
Que toujours, de faveur, il me tint par la main.
Quel heur ce m'eût été, si, sortant de l'église,

Il m'eût conduit chez lui, et, m'ôtant la chemise,
Ce beau valet à qui ce beau maître parla
M'eût donné l'anguillade, et puis m'eût laissé là !
Honorable défaite ! heureuse échappatoire !
Encore derechef me la fallut-il boire.

Il vint à reparler dessus le bruit qui court
De la reine, du roi, des princes, de la cour;
Que Paris est bien grand; que le Pont-neuf s'a-
    chève (1);
Si plus en paix qu'en guerre un empire s'élève.
Il vint à définir que c'étoit qu'amitié,
Et tant d'autres vertus, que c'en étoit pitié.
Mais il ne définit, tant il étoit novice,
Que l'indiscrétion est un si fâcheux vice,
Qu'il vaut bien mieux mourir de rage ou de regret,
Que de vivre à la gêne avec un indiscret.
Tandis que ces discours me donnoient la torture,
Je sonde tous moyens pour voir si d'aventure
Quelque bon accident eût pu m'en retirer,
Et m'empêcher enfin de me désespérer.

Voyant un président, je lui parle d'affaire;
S'il avoit des procès, qu'il étoit nécessaire
D'être toujours après ces messieurs bonneter;

(1) Ce pont fut commencé sous Henri III, qui en posa la première pierre le 31 mai 1578. Les guerres civiles en firent suspendre les travaux que Henri IV fit reprendre en 1604; il fut achevé en 1606.

Qu'il ne laissât, pour moi, de les solliciter ;
Quant à lui, qu'il étoit homme d'intelligence ,
Qui savoit comme on perd son bien par négli-
          gence ;
Où marche l'intérêt qu'il faut ouvrir les yeux.
Ha! non, monsieur, dit-il ; j'aimerois beaucoup
          mieux
Perdre tout ce que j'ai que votre compagnie ;
Et se mit aussitôt sur la cérémonie.
Moi qui n'aime à débattre en ces fadaises-là ,
Un temps, sans lui parler, ma langue vacila.
Enfin je me remets sur les cajolleries ,
Lui dis (comme le roi étoit aux Tuilleries)
Ce qu'au Louvre on disoit qu'il feroit ce jour-
          d'hui ;
Qu'il devroit se tenir toujours auprès de lui.
Dieu sait combien alors il me dit de sottises ,
Parlant de ses hauts faits et de ses vaillantises ;
Qu'il avoit tant servi , tant fait la faction ,
Et n'avoit cependant aucune pension :
Mais qu'il se consoloit, en ce qu'au moins l'his-
          toire ,
Comme on fait son travail, ne déroboit sa gloire ;
Et s'y met si avant, que je crus que mes jours
Devoient plutôt finir que non pas son discours.
Mais comme Dieu voulut, après tant de demeures
L'horloge du Palais vint à frapper onze heures ;
Et lui, qui pour la soupe avoit l'esprit subtil :
A quelle heure, monsieur, votre oncle dîne-t-il ?

Lors bien peu s'en fallut, sans plus long-temps
    attendre
Que de rage au gibet je ne m'allasse pendre.
Encor l'eussé-je fait, étant désespéré ;
Mais je crois que le ciel, contre moi conjuré,
Voulut que s'accomplît cette aventure mienne
Que me dit, jeune enfant, une Bohémienne :
Ni la peste, la faim, la vérole, la toux,
La fièvre, les venins, les larrons, ni les loups,
Ne tueront cettui-ci ; mais l'importun langage
D'un fâcheux : qu'il s'en garde, étant grand, s'il
    est sage.
  Comme il continuoit cette vieille chanson,
Voici venir quelqu'un d'assez pauvre façon.
Il se porte au-devant, lui parle, le cajolle ;
Mais cet autre à la fin se monta de parole :
Monsieur, c'est trop long-temps... Tout ce que
    vous voudrez...
Voici l'arrêt signé... Non, monsieur, vous vien-
    drez,
Quand vous serez dedans, vous ferez à partie...
Et moi, qui cependant n'étois de la partie,
J'esquive doucement, et m'en vais à grands pas,
La queue en loup qui fuit, et les yeux contre-bas,
Le cœur sautant de joie, et triste d'apparence.
Depuis aux bons sergens j'ai porté révérence,
Comme à des gens d'honneur, par qui le ciel vou-
    lut
Que je reçusse un jour le bien de mon salut.

4.

A M. RAPIN.

SATIRE IX.

LE CRITIQUE OUTRÉ.

Rapin, le favori d'Apollon et des muses,
Pendant qu'en leur métier jour et nuit tu t'amu-
        ses,
Et que d'un vers nombreux, non encore chanté,
Tu te fais un chemin à l'immortalité,
Moi, qui n'ai ni l'esprit, ni l'haleine assez forte
Pour te suivre de près et te servir d'escorte,
Je me contenterai, sans me précipiter,
D'admirer ton labeur, ne pouvant l'imiter;
Et pour me satisfaire au desir qui me reste
De rendre cet hommage à chacun manifeste,
Par ces vers j'en prends acte, afin que l'avenir
De moi par ta vertu se puisse souvenir;
Et que cette mémoire à jamais s'entretienne,
Que ma muse imparfaite eut en honneur la tienne;
Et que si j'eus l'esprit d'ignorance abattu,
Je l'eus au moins si bon, que j'aimai ta vertu :
Contraire à ces rêveurs dont la muse insolente,
Censurant les plus vieux, arrogamment se vante

De réformer les vers, non les tiens seulement,
Mais veulent déterrer les Grecs du monument,
Les Latins, les Hébreux, et toute l'antiquaille,
Et leur dire à leur nez qu'ils n'ont rien fait qui
      vaille.
Ronsard en son métier n'étoit qu'un apprentif,
Il avoit le cerveau fantastique et rétif:
Desportes n'est pas net; du Bellay trop facile:
Belleau ne parle pas comme on parle à la ville;
Il a des mots hargneux, bouffis et relevés,
Qui du peuple aujourd'hui ne sont pas approuvés.
    Comment! il nous faut donc, pour faire une
      œuvre grande,
Qui de la calomnie et du temps se défende,,
Qui trouve quelque place entre les bons auteurs,
Parler comme à Saint-Jean (1) parlent les cro-
      cheteurs !
Encore je le veux, pourvu qu'ils puissent faire
Que ce beau savoir entre en l'esprit du vulgaire:
Et quand les crocheteurs seront poetes fameux,
Alors sans me fâcher je parlerai comme eux.
Pensent-ils, des plus vieux offensant la mémoire,
Par le mépris d'autrui s'acquérir de la gloire,
Et, pour quelque vieux mot, étrange, ou de tra-
      vers,

---

(1) La place de Grève qui est proche de l'église
Saint-Jean.

Prouver qu'ils ont raison de censurer leurs vers ?
Alors qu'une œuvre brille et d'art et de science ,
La verve quelquefois s'égaie en la licence.
Il semble, en leurs discours hautains et généreux,
Que le cheval volant n'ait pissé que pour eux ;
Que Phœbus à leur ton accorde sa vielle ;
Que la mouche du Grec (1) leurs lèvres emmielle;
Qu'ils ont seuls ici-bas trouvé la pie au nid,
Et que des hauts esprits le leur est le zénit ;
Que seuls des grands secrets ils ont la connois-
        sance ;
Et disent librement que leur expérience
A raffiné les vers fantastiques d'humeur ,
Ainsi que les Gascons ont fait le point-d'honneur;
Qu'eux tous seuls du bien-dire ont trouvé la mé-
        thode ,
Et que rien n'est parfait s'il n'est fait à leur mode.
Cependant leur savoir ne s'étend seulement
Qu'à regratter un mot douteux au jugement,
Prendre garde qu'un QUI ne heurte une diphton-
        gue ;
Épier si des vers la rime est brève ou longue ;
Ou bien si la voyelle à l'autre s'unissant
Ne rend point à l'oreille un vers trop languissant:
Et laissent sur le verd le noble de l'ouvrage.
Nul aiguillon divin n'élève leur courage ;

_____

(1) Pindare.

Ils rampent bassement, foibles d'inventions,
Et n'osent, peu hardis, tenter les fictions,
Froids à l'imaginer : car s'ils font quelque chose,
C'est proser de la rime, et rimer de la prose,
Que l'art lime et relime, et polit de façon
Qu'elle rend à l'oreille un agréable son ;
Et voyant qu'un beau feu leur cervelle n'embrase,
Ils attifent leurs mots, enjolivent leur phrase,
Affectent leur discours tout si relevé d'art,
Et peignent leurs défauts de couleur et de fard.
Aussi je les compare à ces femmes jolies
Qui par les affiquets se rendent embellies,
Qui, gentes en habits, et sades en façons,
Parmi leur point coupé tendent leurs hameçons ;
Dont l'œil rit mollement avec affeterie,
Et de qui le parler n'est rien que flatterie.
    Où, ces divins esprits, hautains et relevés,
Qui des eaux d'Hélicon ont les sens abreuvés ;
De verve et de fureur leur ouvrage étincelle,
De leurs vers tout divins la grace est naturelle,
Et sont, comme l'on voit, la parfaite beauté,
Qui, contente de soi, laisse la nouveauté
Que l'art trouve au palais, ou dans le blanc d'Es-
        pagne.
Rien que le naturel sa grace n'accompagne :
Son front, lavé d'eau claire, éclate d'un beau
        teint ;
De roses et de lis la nature la peint ;

Et, laissant là Mercure et toutes ses malices,
Les nonchalances sont ses plus grands artifices.
Or, Rapin, quant à moi, je n'ai point tant d'esprit.
Je vais le grand chemin que mon oncle m'apprit,
Laissant là ces docteurs, que les muses instruisent
En des arts tout nouveaux: et s'ils font, comme
        ils disent,
De ses fautes un livre aussi gros que le sien,
Telles je les croirai quand ils auront du bien,
Et que leur belle muse, à mordre si cuisante,
Leur don'ra comme à lui, dix mille écus de rente,
De l'honneur, de l'estime; et quand par l'univers
Sur le luth de David on chantera leurs vers;
Qu'ils auront joint l'utile avec le délectable,
Et qu'ils sauront rimer une aussi bonne table.

On fait en Italie un conte assez plaisant,
Qui vient à mon propos, qu'une fois un paysan,
Homme fort entendu, et suffisant de tête,
Comme on peut aisément juger par sa requête,
S'en vint trouver le pape, et le voulut prier
Que les prêtres du temps se pussent marier;
Afin, se disoit-il, que nous puissions, nous autres,
Leurs femmes caresser, ainsi qu'ils font les nôtres.

Ainsi suis-je d'avis, comme ce bon lourdaut,
S'ils ont l'esprit si bon, et l'intellect si haut,
Le jugement si clair, qu'ils fassent un ouvrage
Riche d'invention, de sens et de langage,

Que nous puissions draper comme ils font nos
     écrits,
Et voir, comme l'on dit, s'ils sont si bien appris :
Qu'ils montrent de leur eau, qu'ils entrent en car-
     rière.
Leur âge défaudra plutôt que la matière.
Nous sommes en un siècle où le prince est si grand,
Que tout le monde entier à peine le comprend.
Qu'ils fassent, par leurs vers, rougir chacun de
     honte :
Et comme de valeur notre prince surmonte
Hercule, Enée, Achil', qu'ils ôtent les lauriers
Aux vieux, comme le roi l'a fait aux vieux guer-
     riers.
Qu'ils composent une œuvre; on verra si leur livre
Après mille et mille ans sera digne de vivre,
Surmontant par vertu l'envie et le destin,
Comme celui d'Homère et du chantre latin.
Mais, Rapin, mon ami, c'est la vieille querelle ;
L'homme le plus parfait a manque de cervelle,
Et de ce grand défaut vient l'imbécillité,
Qui rend l'homme hautain, insolent, effronté ;
Et, selon le sujet qu'à l'œil il se propose,
Suivant son appétit il juge toute chose.
Philosophes rêveurs, discourez hautement ;
Sans bouger de la terre, allez au firmament ;
Faites que tout le ciel branle à votre cadence,
Et pesez vos discours même dans sa balance :

Connoissez les humeurs qu'il verse dessus nous,
Ce qui se fait dessus, ce qui se fait dessous;
Portez une lanterne aux cachots de nature;
Sachez qui donne aux fleurs cette aimable pein-
        ture (1),
Quelle main sur la terre eu broye la couleur,
Leurs secrettes vertus, leurs degrés de chaleur;
Voyez germer à l'œil les semences du monde;
Allez mettre couver les poissons dedans l'onde;
Déchiffrez les secrets de nature et des cieux:
Votre raison vous trompe, aussi bien que vos
        yeux.
Or, ignorant de tout, de tout je me veux rire;
Faire de mon humeur moi-même une satire;
N'estimer rien de vrai, qu'au goût il ne soit tel;
Vivre; et, comme chrétien, adorer l'immortel,
Où gît le seul repos, qui chasse l'ignorance;
Ce qu'on voit hors de lui n'est que sotte appa-
        rence,
Piperie, artifice : encore, ô cruauté
Des hommes et du temps! notre méchanceté
S'en sert aux passions; et dessous une aumusse
L'ambition, l'amour, l'avarice, se musse.
L'on se couvre d'un froc pour tromper les jaloux;
Les temples aujourd'hui servent aux rendez-vous;

---

(1) Racine a dit dans les chœurs d'Athalie :
    Il donne aux fleurs leur aimable peinture.

Derrière les piliers on oit mainte sornette;
Et, comme dans un bal, tout le monde y caquette.
On doit rendre, suivant et le temps et le lieu,
Ce qu'on doit à César, et ce qu'on doit à Dieu.
Et quant aux appétits de la sottise humaine,
Comme un homme sans goût, je les aime sans
         peine:
Aussi bien rien n'est bon que par affection;
Nous jugeons, nous voyons, selon la passion.
Le soldat aujourd'hui ne rêve que la guerre;
En paix le laboureur veut cultiver sa terre;
L'avare n'a plaisir qu'en ses doubles ducas.
L'amant juge sa dame un chef-d'œuvre ici-bas:
Encore qu'elle n'ait sur soi rien qui soit d'elle,
Que le rouge et le blanc par art la fassent belle,
Qu'elle ente en son palais ses dents tous les ma-
         tins,
Qu'elle doive sa taille au bois de ses patins;
Que son poil, dès le soir, frisé dans la boutique,
Comme un casque au matin sur sa tête s'applique;
Qu'elle ait, comme un piquier, le corselet au dos;
Qu'à grand peine sa peau puisse couvrir ses os;
Et tout ce qui de jour la fait voir si doucette,
La nuit, comme en dépôt, soit dessous la toilette;
Son esprit ulcéré juge, en sa passion,
Que son teint fait la nique à la perfection.
Le soldat tout ainsi pour la guerre soupire;
Jour et nuit il y pense, et toujours la desire;

Il ne rêve la nuit que carnage et que sang :
La pique dans le poing, et l'estoc sur le flanc,
Il pense mettre à chef quelque belle entreprise ;
Que forçant un château, tout est de bonne prise :
Il se plaît aux trésors qu'il cuide ravager,
Et que l'honneur lui rie au milieu du danger.
L'avare, d'autre part, n'aime que la richesse ;
C'est son roi, sa faveur, sa cour et sa maîtresse :
Nul objet ne lui plaît, sinon l'or et l'argent ;
Et tant plus il en a, plus il est indigent.
Le paysan d'autre soin se sent l'ame embrasée.
Ainsi l'humanité sottement abusée
Court à ses appétits qui l'aveuglent si bien,
Qu'encor qu'elle ait des yeux, si ne voit-elle rien.
Nul choix hors de son goût ne règle son envie,
Mais s'aheurte où sans plus quelque appas la con-
        vie,
Selon son appétit le monde se repaît,
Qui fait qu'on trouve bon seulement ce qui plaît.
    O débile raison ! où est ores ta bride ?
Où ce flambeau qui sert aux personnes de guide ?
Contre la passion trop foible est ton secours,
Et souvent, courtisane, après elle tu cours ;
Et, savourant l'appas qui ton ame ensorcelle,
Tu ne vis qu'à son goût, et ne vois que par elle.
De là vient qu'un chacun, mêmes en son défaut,
Pense avoir de l'esprit autant qu'il lui en faut.
Aussi rien n'est parti si bien par la nature

Que le sens; car chacun en a sa fourniture.
Mais pour nous, moins hardis à croire à nos rai-
    sons,
Qui réglons nos esprits par les comparaisons
D'une chose avec l'autre, épluchons de la vie
L'action qui doit être ou blâmée ou suivie ;
Qui criblons le discours, au choix se variant,
D'avec la fausseté la vérité triant
(Tant que l'homme le peut); qui formons nos ou-
    vrages
Aux moules si parfaits de ces grands personnages
Qui, depuis deux mille ans ont acquis le crédit
Qu'en vers rien n'est parfait que ce qu'ils en ont
    dit ;
Devons-nous aujourd'hui, pour une erreur nou-
    velle
Que ces clercs dévoyés forment en leur cervelle,
Laisser légèrement la vieille opinion,
Et, suivant leur avis, croire à leur passion ?
Pour moi, les huguenots pourroient faire mira-
    cles,
Ressusciter les morts, rendre de vrais oracles,
Que je ne pourrois pas croire à leur vérité.
En toute opinion je fuis la nouveauté.
Aussi doit-on plutôt imiter nos vieux pères,
Que suivre des nouveaux les nouvelles chimères.
De même, en l'art divin de la muse, doit-on
Moins croire à leur esprit qu'à l'esprit de Platon.

Mais, Rapin, à leur goût si les vieux sont profanes,
Si Virgile, le Tasse et Ronsard sont des ânes,
Sans perdre en ces discours le temps que nous
      perdons,
Allons comme eux aux champs, et mangeons des
      chardons.

SATIRE X (1).

LE SOUPER RIDICULE.

Un de ces jours derniers, par des lieux détournés
Je m'en allois rêvant, le manteau sur le nez,
L'ame bizarrement de vapeurs occupée,
Comme un poete qui prend les vers à la pipée :
En ces songes profonds où flottoit mon esprit,
Un homme par la main hasardement me prit,·
Ainsi qu'on pourroit prendre un dormeur par
       l'oreille,
Quand on veut qu'à minuit en sursaut il s'éveille.
Je passe outre d'aguet, sans en faire semblant,
Et m'en vais à grands pas, tout froid et tout trem-
       blant.
Craignant de faire encor, avec ma patience,
Des sottises d'autrui nouvelle pénitence (2).

---

(1) Horace a décrit un repas ridicule dans la satire VIII
du livre II. L'imitation de Regnier, quoique un peu
trop longue, porte l'empreinte d'un vrai talent; elle
n'a point été inutile à Boileau lorsqu'il a traité le même
sujet.

(1) Allusion à la satire VIII, où il a décrit l'ennui que
lui avoit causé un importun.

Tout courtois il me suit, et, d'un parler remis :
Quoi! monsieur, est-ce ainsi qu'on traite ses amis?
Je m'arrête, contraint; d'une façon confuse,
Grondant entre mes dents, je barbotte une excuse;
De vous dire son nom il ne garit de rien,
Et vous jure au surplus qu'il est homme de bien :
Au compas du devoir il règle son courage,
Et ne laisse en dépôt pourtant son avantage.
Selon le temps, il met ses partis en avant.
Alors que le roi passe il gagne le devant;
Et seroit bien fâché, le prince assis à table,
Qu'un autre en fût plus près, ou fît plus l'agréable;
Qui plus suffisamment entrant sur le devis,
Fît mieux le philosophe, ou dît mieux son avis;
Qui de chiens ou d'oiseaux eût plus d'expérience,
Ou qui décidât mieux un cas de conscience :
Puis dites, comme un sot, qu'il est sans passion.
Sans gloser plus avant sur sa perfection,
Avec maints hauts discours, de chiens, d'oiseaux,
        de bottes,
Que les valets de pied sont fort sujets aux crottes;
Pour bien faire du pain, il faut bien enfourner;
Si don Pèdre (1) est venu, qu'il s'en peut retour-
        ner :

_____

(1) Dom Pedro Manriquez, connétable de Castille,
allant en Flandre, séjourna à Paris en 1603.

Le ciel nous fit ce bien qu'encor d'assez bonne
    heure
Nous vînmes au logis où ce monsieur demeure,
Où, sans historier le tout par le menu,
Il me dit : Vous soyez, monsieur, le bien-venu.
Après quelques propos, sans propos et sans suite,
Avec un froid adieu je minute ma fuite,
Plus de peur d'accident, que par discrétion.
Il commence un sermon de son affection,
Me rit, me prend, m'embrasse avec cérémonie :
Quoi ! vous ennuyez-vous en notre compagnie ?
Non, non, ma foi, dit-il, il n'ira pas ainsi ;
Et, puisque je vous tiens, vous souperez ici.
Je m'excuse ; il me force. O dieux ! quelle injus-
    tice !
Alors, mais las ! trop tard, je connus mon sup-
    plice ;
Mais pour l'avoir connu, je ne pus l'éviter,
Tant le destin se plaît à me persécuter !
A peine à ces propos eut-il fermé la bouche,
Qu'il entre à l'étourdie un sot fait à la fourche,
Qui, pour nous saluer, laissant choir son cha-
    peau,
Fit comme un entrechat avec un escabeau,
Trebuchant par le cul, s'en va devant-derrière,
Et, grondant, se fâcha qu'on étoit sans lumière.
Pour nous faire, sans rire, avaler ce beau saut,
Le monsieur sur la vue excuse ce défaut,

Que les gens de savoir ont la visière tendre.
L'autre se relevant devers nous se vint rendre,
Moins honteux d'être chû que de s'être dressé ;
Et lui demandât-il s'il s'étoit point blessé.
Après mille discours, dignes d'un grand volume,
On appelle un valet ; la chandelle s'allume :
On apporte la nappe, et met-on le couvert ;
Et suis parmi ces gens comme un homme sans vert,
Qui fait, en rechignant, aussi maigre visage
Qu'un renard que Martin porte au Louvre en sa
      cage.
Un long temps sans parler je regorgeois d'ennui.
Mais, n'étant point garant des sottises d'autrui,
Je crus qu'il me falloit d'une mauvaise affaire
En prendre seulement ce qui m'en pouvoit plaire.
Ainsi considérant ces hommes et leurs soins,
Si je n'en disois mot, je n'en pensois pas moins ;
Et jugeai ce lourdaut, à son nez authentique,
Que c'étoit un pédant, animal domestique,
De qui la mine rogue, et le parler confus,
Les cheveux gras et longs, et les sourcils touffus,
Faisoient par leur savoir, comme il faisoit enten-
      dre,
La figue sur le nez au pédant d'Alexandre.
Lors je fus assuré de ce que j'avois cru,
Qu'il n'est plus courtisan de la cour si recru,
Pour faire l'entendu, qu'il n'ait, pour quoi qu'il
      vaille,

Un poete, un astrologue, ou quelque pédantaille,
Qui, durant ses amours, avec un bel esprit,
Couche de ses faveurs l'histoire par écrit.
Maintenant que l'on voit, et que je vous veux dire
Tout ce qui se fit là digne d'une satire,
Je croirois faire tort à ce docteur nouveau,
Si je ne lui donnois quelques traits de pinceau.
Mais étant mauvais peintre, ainsi que mauvais
     poete,
Et que j'ai la cervelle et la main maladroite,
O Muse! je t'invoque. Emmielle-moi le bec,
Et bande de tes mains les nerfs de ton rebec;
Laisse-moi là Phœbus chercher son aventure;
Laisse-moi son B mol, prend la clef de nature;
Et viens, simple, sans fard, nue, et sans ornement,
Pour accorder ma flûte avec ton instrument.
Dis-moi comme sa race, autrefois ancienne,
Dedans Rome accoucha d'une patricienne,
D'où naquit dix Catons, et quatre-vingts préteurs
Sans les historiens, et tous les orateurs.
Mais non; venons à lui, dont la maussade mine
Ressemble un de ces dieux des couteaux de la
     Chine,
Et dont les beaux discours, plaisamment étourdis,
Feroient crever de rire un saint du paradis.
Ses yeux, bordés de rouge, égarés, sembloient être
L'un à Montmartre, et l'autre au château de Bi-
     cêtre.

Pour sa robe, elle fut autre qu'elle n'étoit
Alors qu'Albert le Grand aux fêtes la portoit ;
Mais toujours recousant pièce à pièce nouvelle ,
Depuis trente ans c'est elle, et si ce n'est pas elle :
Ainsi que ce vaisseau (1) des Grecs tant renommé,
Qui survécut au temps qui l'avait consommé.
Une taigne affamée étoit sur ses épaules ,
Qui traçoit en arabe une carte des Gaules.
Les pièces et les trous, semés de tous côtés ,
Représentoient les bourgs, les monts et les cités.
Les filets séparés, qui se tenoient à peine ,
Imitoient les ruisseaux coulant dans une plaine.
Les Alpes, en jurant, lui grimpoient au collet ,
Et Savoi' qui plus bas ne pend qu'à un filet.
Or dessous cette robe illustre et vénérable
Il avoit un jupon, non celui de Constable,
Mais un qui pour un temps suivit l'arrière-ban ,
Quand en première noce il servit de caban
Au croniqueur Turpin, lorsque par la campagne
Il portoit l'arbalête au bon roi Charlemagne.
Pour assurer si c'est ou laine, ou soie, ou lin ,
Il faut en devinaille être maître Gonin.

---

(1) Celui qui servit à Thésée pour aller dans l'île de
Crète, combattre le minotaure. Les Athéniens conser-
vèrent très-long-temps ce navire, en substituant des
planches neuves à celles qui tomboient en pourriture.
Plutarq. Vie de Thésée.

Sa ceinture honorable, ainsi que ses jartières,
Furent d'un drap du Seau, mais j'entends des li-
    sières
Qui sur maint couturier jouèrent maint rollet;
Mais pour l'heure présente ils sangloient le mulet.
Un mouchoir et des gants, avec ignominie,
Ainsi que des larrons pendus en compagnie,
Lui pendoient au côté, qui sembloient, en lam-
    beaux,
Crier, en se moquant: Vieux linges, vieux dra-
    peaux!
De l'autre, brimballoit une clef fort honnête,
Qui tire à sa cordelle une noix d'arbalête.
Ainsi ce personnage, en magnifique arroi,
Marchant PEDETENTIM, s'en vint jusques à moi,
Qui sentis à son nez, à ses lèvres décloses,
Qu'il fleuroit bien plus fort mais non pas mieux
    que roses.
  Il me parle latin, il allègue, il discourt,
Il réforme à son pied les humeurs de la cour:
Qu'il a pour enseigner une belle manière (1);
Qu'en son globe il a vu la matière première;
Qu'Epicure est ivrogne, Hippocrate un bourreau,
Que Barthole et Jason ignorent le barreau;

_____

(1) Boileau, dans sa cinquième réflexion critique sur
Longin, cite ces vers comme un portrait remarquable
du Pédant.

Que Virgile est passable, encor qu'en quelques
    pages
Il méritât au Louvre être chifflé des pages ;
Que Pline est inégal ; Térence un peu joli :
Mais sur-tout il estime un langage poli.
Ainsi sur chaque auteur il trouve de quoi mordre.
L'un n'a point de raison, et l'autre n'a point d'or-
    dre ;
L'autre avorte avant temps des œuvres qu'il con-
    çoit.
Or' il vous prend Macrobe, et lui donne le foit.
Cicéron, il s'en tait, d'autant que l'on le crie
Le pain quotidien de la pédanterie.
Quant à son jugement, il est plus que parfait,
Et l'immortalité n'aime que ce qu'il fait.
Par hasard disputant, si quelqu'un lui réplique,
Et qu'il soit à QUIA : Vous êtes hérétique,
Ou pour le moins fauteur ; ou, vous ne savez point
Ce qu'en mon manuscrit j'ai noté sur ce point.
Comme il n'est rien de simple, aussi rien n'est
    durable.
De pauvre on devient riche, et d'heureux, misé-
    rable.
Tout se change : qui fit qu'on changea de discours.
Après maint entretien, maints tours et maints re-
    tours,
Un valet, se levant le chapeau de la tête,
Nous vint dire tout haut que la soupe étoit prête.

Je connus qu'il est vrai ce qu'Homère en écrit,
Qu'il n'est rien qui si fort nous réveille l'esprit ;
Car j'eus, au son des plats, l'ame plus altérée,
Que ne l'auroit un chien au son de la curée.
Mais, comme un jour d'hiver où le soleil reluit,
Ma joie en moins d'un rien comme un éclair s'en-
      fuit ;
Ainsi, parmi ces gens, un gros valet d'étable,
Glorieux de porter les plats dessus la table,
D'un nez de majordome, et qui morgue la faim,
Entra, serviette au bras, et fricassée en main ;
Et, sans respect du lieu, du docteur, ni des sausses,
Heurtant table et tréteaux, versa tout sur mes
      chausses.
On le tance ; il s'excuse ; et moi, tout résolu,
Puisqu'à mon dam le ciel l'avoit ainsi voulu,
Je tourne en raillerie un si fâcheux mystère :
De sorte que monsieur m'obligea de s'en taire.
Sur ce point on se lave ; et chacun en son rang
Se met dans une chaire, ou s'assied sur un banc,
Suivant ou son mérite, ou sa charge, ou sa race.
Des niais, sans prier, je me mets en la place,
Où j'étois résolu, faisant autant que trois,
De boire et de manger comme aux veilles des Rois.
Or, entre tous ceux-là qui se mirent à table,
Il n'en étoit pas un qui ne fût remarquable,
Et qui, sans éplucher, n'avalât l'éperlan.
L'un en titre d'office exerçoit un brelan ;

L'autre étoit des suivants de madame Lipée (1) ;
Et l'autre, chevalier de la petite épée (2) ;
Et le plus saint d'entre eux, sauf le droit du cor-
      deau,
Vivoit au cabaret, pour mourir au bordeau.
En forme d'échiquier les plats rangés sur table
N'avoient ni le maintien, ni la grace accostable ;
Et bien que nos dîneurs mangeassent en sergents,
La viande pourtant ne prioit point les gens.
Mon docteur de menestre, en sa mine altérée,
Avoit deux fois autant de mains que Briarée ;
Et n'étoit, quel qu'il fût, morceau dedans le plat,
Qui des yeux et des mains n'eût un échec et mat,
D'où j'appris, en la cuite, aussi bien qu'en la crue,
Que l'ame se laissoit piper comme une grue ;
Et qu'aux plats, comme au lit, avec lubricité,
Le péché de la chair tentoit l'humanité.
Devant moi justement on plante un grand potage,
D'où les mouches à jeun se sauvoient à la nage :
Le brouet étoit maigre ; et n'est Nostradamus,
Qui, l'astrolabe en main, ne demeurât camus,
Si, par galanterie, ou par sottise expresse,
Il y pensoit trouver une étoile de graisse.
Pour moi, si j'eusse été sur la mer de Levant,
Où le vieux Louchali (3) fendit si bien le vent ;

_____

(1) Un parasite.
(2) Un filou, un coupeur de bourses.
(3) Fameux corsaire.

Quand Saint - Marc s'habilla des enseignes de
     Thrace (1),
Je la comparerois au golphe de Patrasse :
Pour ce qu'on y voyoit, en mille et mille parts,
Les mouches qui flottoient en guise de soldarts.
Or durant ce festin demoiselle Famine,
Avec son nez étique, et sa mourante mine,
Ainsi que la Cherté par édit l'ordonna,
Faisoit un beau discours dessus la Lezina (2) :
Et, nous torchant le bec, alléguoit Symonide,
Qui dit, pour être sain, qu'il faut mâcher à vide.
Au reste, à manger peu, monsieur buvoit d'autant
Du vin qu'à la taverne on ne payoit comptant ;
Et se fâchoit qu'un Jean, blessé de la logique,
Lui barbouilloit l'esprit d'un ERGO sophistique.
    Emiant, quant à moi, du pain entre mes doigts,
A tout ce qu'on disoit doucet je m'accordois.
Le pédant, tout fumeux de vin et de doctrine,
Répond, Dieu sait comment : le bon Jean se mu-
     tine :
Et sembloit que la gloire, en ce gentil assaut,

---

(1) Allusion à la bataille de Lépante, gagnée contre
les Turcs, le 7 octobre 1571, par Dom Jean d'Autriche,
fils naturel de Charles-Quint. Les enseignes prises sur
l'ennemi furent portées à Venise, et suspendues dans
l'église de Saint-Marc.

(2) Allusion à un ouvrage plaisant, composé en italien, vers la fin du seizième siècle, par Vialardi.

Fût à qui parleroit, non pas mieux; mais plus haut;
Ne croyez en parlant que l'un ou l'autre dorme.
Comment! votre argument, dit l'un, n'est pas en
      forme.
L'autre, tout hors du sens : Mais c'est vous, ma-
      lautru,
Qui faites le savant, et n'êtes pas congru.
L'autre : Monsieur le sot, je vous ferai bien taire.
Quoi! comment! est-ce ainsi qu'on frappe Des-
      pautère (1) ?
Quelle incongruité! Vous mentez par les dents.
Mais vous ?... Ainsi ces gens, à se piquer ardents,
S'en vinrent du parler à tic tac, torche, lorgne ;
Qui casse le museau; qui son rival éborgne ;
Qui jette un pain, un plat, une assiette, un cou-
      teau ;
Qui, pour une rondache, empoigne un escabeau.
L'un fait plus qu'il ne peut, et l'autre plus qu'il
      n'ose,
Et pense, en les voyant, voir la métamorphose
Où les centaures saouls, au bourg Atracien,
Voulurent chauds de reins, faire noces de chien ;
Et, cornus du bon père, encorner le lapithe,
Qui leur fit à la fin enfiler la guérite,
Quand avecque des plats, des tréteaux, des tisons
Par force les chassant mi-morts de ses maisons,

---

(1) Faire des fautes de grammaire.

Il les fit gentiment, après la tragédie,
De chevaux devenir gros ânes d'Arcadie.
Nos gens en ce combat n'étoient moins inhumains,
Car chacun s'escrimoit et des pieds et des mains ;
Et, comme eux, tous sanglants en ces doctes alar-
    mes,
La fureur aveuglée en main leur mit des armes.
Je cours à mon manteau, je descends l'escalier,
Et laisse avec ses gens monsieur le chevalier.
Mais il sembloit qu'on eût aveuglé la nature ;
Et faisoit un noir brun, d'aussi bonne teinture
Que jamais on en vit sortir des Gobelins.
Argus pouvoit passer pour un des Quinze-vingts.
Qui pis est, il pleuvoit d'une telle manière,
Que les reins, par dépit, me servoient de gouttière ;
Et du haut des maisons tomboit un tel dégout,
Que les chiens altérés pouvoient boire debout.
Alors me remettant sur ma philosophie,
Je trouve qu'en ce monde il est sot qui se fie,
Et se laisse conduire ; et quant aux courtisans,
Qui, doucets et gentils, font tant les suffisants,
Je trouve, les mettant en même patenôtre,
Que le plus sot d'entre eux est aussi sot qu'un au-
    tre.
Pour éviter la pluie, à l'abri de l'auvent,
J'allois doublant le pas, comme un qui fend le
    vent :
Quand, bronchant lourdement en un mauvais
    passage,

Le ciel me fit jouer un autre personnage ;
Car heurtant une porte, en pensant m'accoter
Ainsi qu'elle obéit, je vins à culbuter ;
Et s'ouvrant à mon heurt, je tombai sur le ventre.
On demande que c'est: je me relève, j'entre ;
Et voyant que le chien n'aboyoit point la nuit,
Que les verroux graissés ne faisoient aucun bruit
Qu'on me rioit au nez, et qu'une chambrière
Vouloit montrer ensemble et cacher la lumière.
Je suis, je le vois bien... Je parle. L'on répond...
Où, sans fleurs de bien dire, ou d'autre art plus
            profond,
Nous tombâmes d'accord. Le monde je contemple,
Et me trouve en un lieu de fort mauvais exemple.
Toutefois il falloit, en ce plaisant malheur,
Mettre, pour me sauver, en danger mon honneur.
Puis donc que je suis là, et qu'il est près d'une
            heure,
N'espérant pour ce jour de fortune meilleure,
Je vous laisse en repos jusques à quelques jours,
Que, sans parler Phœbus, je ferai le discours
De mon gîte, où pensant reposer à mon aise,
Je tombai par malheur de la poéle en la braise.

SATIRE XI (1).

SUITE.

LE MAUVAIS GÎTE.

Voyez que c'est du monde, et des choses hu-
    maines !
Toujours à nouveaux maux naissent nouvelles
    peines ;
Et ne m'ont les destins, à mon dam trop constants,
Jamais, après la pluie, envoyé le beau temps.
Etant né pour souffrir, ce qui me réconforte,
C'est que, sans murmurer, la douleur je supporte.
Et tire ce bonheur du malheur où je suis,
Que je fais, en riant, bon visage aux ennuis ;
Que le ciel affrontant je nasarde la lune,
Et vois, sans me troubler, l'une et l'autre fortune.
    Entré donc que je fus en ce logis d'honneur,
Pour faire que d'abord on me traite en seigneur,
Et me rendre en amour d'autant plus agréable,
La bourse déliant je mis pièce sur table ;
Dès-lors pour me servir chacun se tenoit prêt ;

---

(1) C'est au sujet de cette satire que Boileau a re-
proché à Regnier d'avoir prostitué les Muses.

Et murmuroient tout bas : L'honnête homme que
    c'est !
Toutes, à qui mieux mieux, s'efforçoient de me
    plaire.
L'on allume du feu, dont j'avois bien affaire.
Je m'approche, me sieds ; et, m'aidant au besoin,
Jà tout apprivoisé je mangeois sur le poing (1),
Quand au flamber du feu trois vieilles rechignées
Vinrent à pas comptés comme des araignées :
Chacune sur le cul au foyer s'accroupit,
Et sembloient, se plaignant, marmoter par dépit.
L'une, comme un fantôme affreusement hardie,
Sembloit faire l'entrée en quelque tragédie ;
L'autre, une Egyptienne, en qui les rides font
Contrescarpes, remparts, et fossés sur le front ;
L'autre, qui de soi-même étoit diminutive,
Ressembloit, transparente, une lanterne vive.
Or j'ignore en quel temps d'honneur et de vertu,
Ou dessous quels drapeaux elles ont combattu ;
Si c'étoit mal de saint (2), ou de fièvre quartaine ;
Mais je sais bien qu'il n'est soldat, ni capitaine,
Soit de gens de cheval, ou soit de gens de pié,

---

(1) Allusion aux oiseaux de fauconnerie, qu'on rend
assez familiers pour qu'ils mangent sur le poing.

(2) Le peuple a donné le nom de quelque saint à
plusieurs maladies. Ainsi l'épilepsie se nomme *mal de
saint Jean;* la rage, *mal de saint Hubert,* etc.

Qui dans la Charité soit plus estropié.
Bien que maître Denis, savant en la sculpture,
Fît-il, avec son art, quinaude la nature ;
Ou, comme Michel-l'Ange, eût-il le diable au
    corps,
Si ne pourroit-il faire, avec tous ses efforts,
De ces trois corps tronqués une figure entière,
Manquant à cet effet, non l'art, mais la matière.
A ce piteux spectacle il faut dire le vrai,
J'eus une telle horreur que tant que je vivrai
Je croirai qu'il n'est rien au monde qui guérisse
Un homme vicieux, comme son propre vice.
Toute chose depuis me fut à contre-cœur ;
Bien que d'un cabinet sortît un petit cœur,
Avec son chaperon, sa mine de poupée,
Disant : J'ai si grand peur de ces hommes d'épée,
Que si je n'eusse vu qu'étiez un financier,
Je me fusse plutôt laissé crucifier,
Que de mettre le nez où je n'ai rien à faire.
Jean, mon mari, monsieur, il est apothicaire.
Sur-tout, vive l'amour ; et bran pour les sergents.
Ardez, voire, c'est mon : je me connois en gens.
Vous êtes, je vois bien, grand abateur de quilles;
Mais au reste honnête homme, et payez bien les
    filles.
Connoissez-vous?.. mais non, je n'ose le nommer.
Ma foi, c'est un brave homme, et bien digne d'ai-
    mer.

Il sent toujours si bon! Mais quoi! vous l'iriez
    dire.
Cependant, de dépit, il semble qu'on me tire
Par la queue un matou, qui m'écrit sur les reins,
Des griffes et des dents, mille alibis forains.
Comme un singe fâché j'en dis ma patenôtre;
De rage je maugrée et le mien et le vôtre,
Et le noble vilain qui m'avoit attrapé.
Mais, monsieur, me dit-elle, auriez vous point
    soupé?
Je vous pri, notez l'heure (1). Eh bien, que vous
    en semble?
Etes-vous pas d'avis que nous couchions ensem-
    ble?
Moi, crotté jusqu'au cul, et mouillé jusqu'à l'os,
Qui n'avois dans le lit besoin que de repos,
Je faillis à me pendre, oyant que cette lice
Effrontément ainsi me présentoit la lice.
On parle de dormir; j'y consens à regret.
La dame du logis me mène au lieu secret.
Allant, on m'entretient de Jeanne et de Macette;
Par le vrai Dieu, que Jeanne étoit et claire et nette,
Claire comme un bassin, nette comme un denier.
Au reste, fors monsieur, que j'étois le premier.
Pour elle, qu'elle étoit nièce de dame Avoie;

---

(1) Une heure après minuit, selon un des derniers
vers de la satire précédente.

Qu'elle feroit pour moi de la fausse monnoie ;
Qu'elle eût fermé sa porte à tout autre qu'à moi.
Et qu'elle m'aimoit plus mille fois que le roi.
Tout branloit dessous nous, jusqu'au dernier
  étage.
D'échelle en échelon, comme un linot en cage,
Il falloit sauteler, et des pieds s'approcher,
Ainsi comme une chèvre en grimpant un rocher.
Après cent soubre-sauts nous vînmes en la cham-
  bre,
Qui n'avoit pas le goût de musc, civette, ou d'am-
  bre.
La porte en étoit basse, et sembloit un guichet,
Qui n'avoit pour serrure autre engin qu'un cro-
  chet.
Six douves de poinçon servoient d'ais et de barre,
Qui bâillant grimassoient d'une façon bizarre.
Or, comme il plut au ciel, en trois doubles plié,
Entrant je me heurtai la caboche et le pié,
Dont je tombe en arrière, étourdi de ma chûte,
Et du haut jusqu'au bas je fis la cullebutte,
De la tête et du cul comptant chaque degré.
Puisque Dieu le voulut, je pris le tout à gré.
Aussi qu'au même temps voyant cheoir cette
  dame,
Par je ne sais quel trou je lui vis jusqu'à l'ame,
Qui fit en ce beau saut, m'éclatant comme un fou,
Que je pris grand plaisir à me rompre le cou.

Au bruit Macette vint : la chandelle on apporte ;
Car la nôtre en tombant de frayeur étoit morte.
Dieu sait comme on la vit et derrière et devant ,
Le nez sur les carreaux, et le fessier au vent ;
De quelle charité l'on soulagea sa peine.
Cependant de son long, sans pouls et sans haleine,
Le museau vermoulu, le nez écarbouillé ,
Le visage de poudre et de sang tout souillé ,
Sa tête découverte, où l'on ne sait que tondre ,
Et lorsqu'on lui parloit qui ne pouvoit répondre ;
Sans collet, sans béguin , et sans autre affiquet ,
Ses mules d'un côté , de l'autre son toquet.
En ce plaisant malheur, je ne saurois vous dire
S'il en falloit pleurer, ou s'il en falloit rire.
Après cet accident trop long pour dire tout ,
A deux bras on la prend, et la met-on debout :
Elle reprend courage ; elle parle, elle crie ;
Et changeant, en un rien, sa douleur en furie ,
Dit à Jeanne, en mettant la main sur le rognon ,
C'est, malheureuse, toi, qui me portes guignon.
A d'autres beaux discours la colère la porte.
Tant que Macette peut elle la reconforte.
Cependant je la laisse, et, la chandelle en main ,
Regrimpant l'escalier, je suis mon vieux dessein.
J'entre dans ce beau lieu, plus digne de remarque
Que le riche palais d'un superbe monarque.
Étant là , je furette aux recoins plus cachés ,
Où le bon Dieu voulut que, pour mes vieux péchés,

Je susse le dépit dont l'ame est forcenée,
Lorsque, trop curieuse, ou trop endemenée,
Rodant de tous côtés, et tournant haut et bas,
Elle nous fait trouver ce qu'on ne cherche pas.
Or, en premier item, sous mes pieds je rencontre
Un chaudron ébréché, la bourse d'une montre,
Quatre boîtes d'onguents, une d'alun brûlé,
Deux gands despariés, un manchon tout pelé;
Trois fioles d'eau bleue, autrement d'eau se-
　　conde;
La petite seringue, une éponge, une sonde,
Du blanc, un peu de rouge, un chiffon de rabat;
Un balai, pour brûler en allant au sabat;
Une vieille lanterne, un tabouret de paille,
Qui s'étoit sur trois pieds sauvé de la bataille:
Et dedans un coffret qui s'ouvre avec enhan,
Je trouve des tisons du feu de la Saint-Jean,
Du sel, du pain béni, de la fougère, un cierge,
Trois dents de mort, pliés en du parchemin vierge;
Une chauve-souris, la carcasse d'un geai;
De la graisse de loup, et du beurre de mai.
Sur ce point Jeanne arrive, et faisant la doucette:
Qui vit céans, ma foi, n'a pas besogne faite:
Toujours à nouveau mal nous vient nouveau sou-
　　ci.
Je ne sais, quant à moi quel logis c'est ici:
Il n'est, par le vrai Dieu, jour ouvrier, ni fête,
Que ces carognes-là ne me rompent la tête.

6

Bien, bien, je m'en irai sitôt qu'il sera jour.
On trouve dans Paris d'autres maisons d'amour.
Je suis là, cependant, comme un que l'on nasarde.
Je demande que c'est. Hé! n'y prenez pas garde,
Ce me répondit-elle; on n'auroit jamais fait.
Mais bran, bran; j'ai laissé là-bas mon attifet.
Toujours après souper cette vilaine crie.
Monsieur, n'est-il pas temps? couchons-nous, je
    vous prie.
Cependant, elle met sur la table les draps,
Qu'en bouchons tortillés elle avoit sous les bras.
Elle approche du lit, fait d'une étrange sorte:
Sur deux tréteaux boîteux se couchoit une porte,
Où le lit reposoit, aussi noir qu'un souillon.
Un garde-robe gras servoit de pavillon;
De couverte un rideau, qui, fuyant (vert et jaune)
Les deux extrémités, étoit trop court d'une aune.
Ayant considéré le tout de point en point,
Je fis vœu cette nuit de ne me coucher point,
Et de dormir sur pieds, comme un coq sur la per-
    che.
Mais Jeanne tout en rut s'approche, et me recher-
    che
D'amour, ou d'amitié, duquel qu'il vous plaira.
Et moi: Maudit soit-il, m'amour, qui le fera.
Polyenne (1) pour lors me vint en la pensée,

---

(1) Allusion à l'aventure de Polyænos et de Circé,
décrite dans Pétrone.

Qui sut que vaut la femme en amour offensée,
Lorsque, par impuissance, ou par mépris, la nuit
On fausse compagnie, ou qu'on manque au dé-
    duit.
Jeanne, non moins que Circe, entre ses dents
    murmure,
Sinon tant de vengeance, au moins autant d'in-
    jure.
Or, pour flatter enfin son malheur et le mien,
Je dis : Quand je fais mal, c'est quand je paie bien.
Et faisant révérence à ma bonne fortune,
En la remerciant je le comptai pour une.
Jeanne, rongeant son frein, de mine s'appaisa,
Et prenant mon argent, en riant me baisa :
Non, pour ce que j'en dis, je n'en parle pas, voire,
Mon maître, pensez-vous ? J'entends bien le gri-
    moire ;
Vous êtes honnête homme, et savez l'entre-gent.
Mais, monsieur, croyez-vous que ce soit pour l'ar-
    gent ?
J'en fais autant d'état comme de chènevottes.
Non, ma foi, j'ai encore un demi-ceint, deux cot-
    tes,
Une robe de serge, un chaperon, deux bas,
Trois chemises de lin, six mouchoirs, deux rabats,
Et ma chambre garnie auprès de Saint-Eustache.
Pourtant, je ne veux pas que mon mari le sache.
Disant ceci, toujours son lit elle brassoit,

Et les linceuls trop courts par les pieds tirassoit ;
Et fit à la fin tant, par sa façon adroite,
Qu'elle les fit venir à moitié de la coite.
Comme son lit est fait : Que ne vous couchez-vous ?
Monsieur, n'est-il pas temps ? Et moi de filer doux.
Sur ce point elle vient, me prend et me détache,
Et le pourpoint du dos par force elle m'arrache.
A la fin je pris cœur, résolu d'endurer
Ce qui pouvoit venir, sans me désespérer.
Qui fait une folie, il la doit faire entière :
Je détache un soulier, je m'ôte une jartière,
Froidement toutefois ; et semble, en ce coucher,
Un enfant qu'un pédant contraint se détacher ;
Que la peur tout ensemble éperonne et retarde :
A chacune aiguillette il se fâche, et regarde,
Les yeux couverts de pleurs, le visage d'ennui,
Si la grace du ciel ne descend point sur lui.
L'on heurte sur ce point ; Catherine on appelle.
Jeanne, pour ne répondre, éteignit la chandelle.
Personne ne dit mot. L'on refrappe plus fort,
Et faisoit-on du bruit pour réveiller un mort.
A chaque coup de pied toute la maison tremble,
Et semble que le faîte à la cave s'assemble.
Bagasse, ouvriras-tu ? C'est celui-ci, c'est mon.
Jeanne, ce temps pendant, me faisoit un sermon :
Que diable aussi, pourquoi ? que voulez-vous
    qu'on fasse ?
Que ne vous couchiez-vous ? Ces gens, de la me-
    nace

Venant à la prière, essayoient tout moyen.
Ore ils parlent soldat, et ores citoyen.
Ils contrefont le guet; et de voix magistrale :
Ouvrez, de par le roi. Au diable un qui dévale.
Un chacun, sans parler, se tient clos et couvert.
Or, comme à coups de pieds l'huis s'étoit presque
   ouvert,
Tout de bon le guet vint. La quenaille fait gille.
Et moi, qui jusques-là demeurois immobile,
Attendant étonné le succès de l'assaut,
Ce pensai-je, il est temps que je gagne le haut,
Et, troussant mon paquet, de sauver ma personne.
Je me veux r'habiller, je cherche, je tâtonne,
Plus étourdi de peur que n'est un hanneton.
Mais quoi ! plus on se hâte, et moins avance-t-on.
Tout, comme par dépit, se trouvoit sous ma patte.
Au lieu de mon chapeau je prends une savate ;
Pour mon pourpoint, ses bas; pour mes bas, son
   collet ;
Pour mes gands, ses souliers; pour les miens, un
   ballet.
Il sembloit que le diable eût fait ce tripotage.
Or Jeanne me disoit, pour me donner courage,
Si mon compère Pierre est de garde aujourd'hui,
Non, ne vous fâchez point, vous n'aurez point
   d'ennui.
Cependant, sans délai, messieurs frappent en
   maître.

6.

On crie, Patience; on ouvre la fenêtre.

O., sans plus m'amuser après le contenu,

Je descends doucement, pied chaussé, l'autre nu;

Et me tapis d'aguet derrière une muraille.

On ouvre, et brusquement entra cette quenaille,

En humeur de nous faire un assez mauvais tour.

Et moi, qui ne leur dis ni bon soir, ni bon jour,

Les voyant tous passés, je me sentis alègre :

Lors, dispos du talon, je vais comme un chat

     maigre,

J'enfile la venelle; et, tout léger d'effroi,

Je cours un fort long temps sans voir derrière moi.

Jusqu'à tant que trouvant du mortier, de la terre,

Du bois, des estançons, maints platras, mainte

     pierre

Je me sentis plutôt au mortier embourbé,

Que je ne m'aperçus que je fusse tombé.

On ne peut éviter ce que le ciel ordonne.

Mon ame cependant de colère frissonne ;

Et prenant, s'elle eût pu, le destin à parti,

De dépit, à son nez, elle l'eût démenti ;

Et m'assure qu'il eût réparé mon dommage.

Comme je fus sur pieds, enduit comme une image,

J'entendis qu'on parloit; et, marchant à grands

     pas,

Qu'on disoit: Hâtons-nous; je l'ai laissé fort bas.

Je m'approche, je vois, desireux de connoître.

Au lieu d'un médecin, il lui faudroit un prêtre,

Dit l'autre, puisqu'il est si proche de sa fin.
Comment ! dit le valet, êtes-vous médecin ?
Monsieur, pardonnez-moi, le curé je demande.
Il s'en court, et disant, à Dieu me recommande,
Il laisse là monsieur, fâché d'être déçu.
Or comme, allant toujours, de près je l'aperçu,
Je connus que c'étoit notre ami, je l'approche :
Il me regarde au nez, et riant me reproche,
Sans flambeau, l'heure indue ! et de près me
     voyant
Fangeux comme un pourceau, le visage effrayant,
Le manteau sous le bras, la façon assoupie :
Etes-vous travaillé de la licantropie ?
Dit-il, en me prenant pour me tâter le poulx.
Et vous, dis-je, monsieur, quelle fièvre avez-vous ?
Vous, qui tranchez du sage ainsi parmi la rue !
Faites-vous sur un pied toute la nuit la grue ?
Il voulut me conter comme on l'avoit pipé,
Qu'un valet, du sommeil ou de vin occupé,
Sous couleur d'aller voir une femme malade,
L'avoit galantement payé d'une cassade.
Il nous faisoit bon voir tous deux bien étonnés,
Avant jour par la rue, avec un pied de nez ;
Lui, pour s'être levé, espérant deux pistoles,
Et moi, tout las d'avoir reçu tant de bricolles.
Il se met en discours, je le laisse en riant.
Aussi que je voyois aux rives d'Orient,
Que l'Aurore, s'ornant de safran et de roses,

Se faisant voir à tous, faisoit voir toutes choses,
Ne voulant, pour mourir, qu'une telle beauté
Me vît, en se levant, si sale et si croté :
Elle qui ne m'a vu qu'en mes habits de fête.
Je cours à mon logis ; je heurte, je tempête ;
Et croyez à frapper que je n'étois perclus.
On m'ouvre ; et mon valet ne me reconnoît plus.
Monsieur n'est pas ici : que diable ! à si bonne
    heure !
Vous frappez comme un sourd. Quelque temps
    je demeure.
Je le vois ; il me voit, et demande, étonné,
Si le Moine-bourru m'avoit point promené.
Dieu ! comme êtes-vous fait ! Il va : moi de le sui-
    vre ;
Et me parle en riant, comme si je fusse ivre.
Il m'allume du feu, dans mon lit je me mets,
Avec vœu, si je puis, de n'y tomber jamais,
Ayant à mes dépens appris cette sentence :
Qui gai fait une erreur, la boit à repentance,
Et que quand on se frotte avec les courtisans,
Les branles de sortie en sont fort déplaisants.
Plus on pénètre en eux, plus on sent le remeugle.
Et qui, troublé d'ardeur, entre au bordel aveugle,
Quand il en sort, il a plus d'yeux, et plus aigus,
Que Lyncé l'argonaute, ou le jaloux Argus.

A MONSIEUR FREMINET(1).

SATIRE XII.

REGNIER, APOLOGISTE DE SOI-MÊME.

On dit que le grand peintre (2), ayant fait un
    ouvrage,
Des jugements d'autrui tiroit cet avantage,
Que, selon qu'il jugeoit qu'ils étoient vrais ou
    faux,
Docile à son profit, réformoit ses défauts.
Or c'étoit du bon temps, que la haine et l'envie
Par crimes supposés n'attentoient à la vie;
Que le vrai du propos étoit cousin germain,
Et qu'un chacun parloit le cœur dedans la main.
Mais que serviroit-il maintenant de prétendre
S'amender par ceux-là qui nous viennent repren-
    dre,
Si selon l'intérêt tout le monde discourt,
Et si la vérité n'est plus femme de cour;

---

(1) Peintre ordinaire du roi Henri IV. Il a peint la
chapelle de Fontainebleau.
(2) Apelle.

S'il n'est bon courtisan, tant frisé peut-il être,
S'il a bon appétit, qu'il ne jure à son maître,
Dès la pointe du jour, qu'il est midi sonné,
Et qu'au logis du roi tout le monde a dîné ?
Ceci pourroit suffire à refroidir une ame
Qui n'ose rien tenter pour la crainte du blâme,
A qui la peur de perdre enterre le talent :
Non pas moi, qui me ris d'un esprit nonchalant
Qui, pour ne faillir point, retarde de bien faire.
C'est pourquoi maintenant je m'expose au vul-
     gaire,
Et me donne pour butte aux jugements divers.
Qu'un chacun taille, rogne, et glose sur mes vers;
Qu'un rêveur insolent d'ignorance m'accuse,
Que je ne suis pas net, que trop simple est ma
     muse,
Que j'ai l'humeur bizarre, inégal le cerveau,
Et, s'il lui plaît encor, qu'il me relie en veau.
Avant qu'aller si vîte, au moins je le supplie
Savoir que le bon vin ne peut être sans lie ;
Qu'il n'est rien de parfait en ce monde aujour-
     d'hui;
Qu'homme, je suis sujet à faillir comme lui;
Et qu'au surplus, pour moi qu'il se fasse paroître
Aussi vrai que pour lui je m'efforce de l'être.
Mais sais-tu, Fréminet, ceux qui me blâmeront:
Ceux qui dedans mes vers leurs vices trouveront;
A qui l'ambition la nuit tire l'oreille ;

De qui l'esprit avare en repos ne sommeille ;
Toujours s'alambiquant après nouveaux partis ;
Qui pour Dieu ni pour loi n'ont que leurs appétits ;
Qui rôdent toute nuit, troublés de jalousie ;
A qui l'amour lascif règle la fantaisie,
Qui préfèrent, vilains, le profit à l'honneur ;
Qui par fraude ont ravi les terres d'un mineur.
Telles sortes de gens vont après les poëtes (1),
Comme après les hiboux vont criant les chouettes.
Leurs femmes vous diront : Fuyez ce médisant,
Fâcheuse est son humeur, son parler est cuisant.
Quoi ! monsieur, n'est-ce pas cet homme à la sa-
    tire,
Qui perdroit son ami plutôt qu'un mot pour rire ?
Il emporte la pièce ! Et c'est là, de par Dieu,
(Ayant peur que ce soit celle-là du milieu)
Où le soulier les blesse ; autrement je n'estime
Qu'aucune eût volonté de m'accuser de crime.
Car pour elles, depuis qu'elles viennent au point·
Elles ne voudroient pas que l'on ne le sût point.
Un grand contentement malaisément se cele.
Puis c'est des amoureux la règle universelle,
De déférer si fort à leur affection,
Qu'ils estiment honneur leur folle passion.
Et quant est de l'honneur de leurs maris, je pense

---

(1) C'est le seul vers où Regnier ait fait *poëte* de
trois syllabes.

Qu'aucune à bon escient n'en prendroit la dé-
    fense,
Sachant bien qu'on n'est pas tenu par charité
De leur donner un bien qu'elles leur ont ôté.
Voilà le grand-merci que j'aurai de mes peines.
C'est le cours du marché des affaires humaines,
Qu'encore qu'un chacun vaille ici-bas son prix,
Le plus cher toutefois est souvent à mépris.
Or, ami, ce n'est point une humeur de médire
Qui m'ait fait rechercher cette façon d'écrire :
Mais mon père m'apprit que des enseignements
Les humains apprentifs formoient leurs juge-
    ments ;
Que l'exemple d'autrui doit rendre l'homme sage :
Et guettant à propos les fautes au passage,
Me disoit : Considère où cet homme est réduit
Par son ambition : cet autre toute nuit
Boit avec des putains, engage son domaine :
L'autre, sans travailler, tout le jour se promène :
Pierre le bon enfant aux dez a tout perdu :
Ces jours le bien de Jean par décret fut vendu ;
Claude aime sa voisine, et tout son bien lui donne.
Ainsi me mettant l'œil sur chacune personne,
Qui valoit quelque chose, ou qui ne valoit rien,
M'apprenoit doucement et le mal et le bien ;
Afin que, fuyant l'un, l'autre je recherchasse,
Et qu'aux dépens d'autrui sage je m'enseignasse.
Ainsi que d'un voisin le trépas survenu

Fait résoudre un malade, en son lit détenu,
A prendre malgré lui tout ce qu'on lui ordonne,
Qui, pour ne mourir point, de crainte se par-
    donne:
De même les esprits débonnaires et doux
Se façonnent, prudents, par l'exemple des fous;
Et le blâme d'autrui leur fait ces bons offices,
Qu'il leur apprend que c'est de vertus et de vices.
Car, quoiqu'on puisse faire, étant homme, on ne
    peut
Ni vivre comme on doit, ni vivre comme on veut.
En la terre ici-bas il n'habite point d'anges:
Or les moins vicieux méritent des louanges,
Qui, sans prendre l'autrui, vivent en bon chrétien,
Et sont ceux qu'on peut dire et saints et gens de
    bien.
Quand je suis à part moi, souvent je m'étudie,
Tant que faire se peut, après la maladie
Dont chacun est blessé: je pense à mon devoir,
J'ouvre les yeux de l'ame, et m'efforce de voir
Au travers d'un chacun: de l'esprit je m'escrime,
Puis, dessus le papier, mes caprices je rime
Dedans une satire, où, d'un œil doux-amer,
Tout le monde s'y voit, et ne s'y sent nommer.
Voilà l'un des péchés où mon ame est encline.
On dit que pardonner est une œuvre divine.
Celui m'obligera qui voudra m'excuser;
A son goût toutefois chacun en peut user.

7

Quant à ceux du métier, ils ont de quoi s'ébattre :
Sans aller sur le pré, nous nous pouvons combat-
tre,
Nous montrant seulement de la plume ennemis.
En ce cas-là, du roi les duels sont permis :
Et faudra que bien forte ils fassent la partie,
Si les plus fins d'entre eux s'en vont sans repartie.
   Mais c'est un satirique, il le faut laisser là.
Pour moi, j'en suis d'avis, et connois à cela
Qu'ils ont un bon esprit. Corsaires à corsaires,
L'un l'autre s'attaquant, ne font pas leurs affaires.

SATIRE XIII.

MACETTE,

OU

L'HYPOCRISIE DECONCERTEE.

L<small>A</small> fameuse Macette à la cour si connue,
Qui s'est aux lieux d'honneur en crédit mainte-
       nûe,
Et qui, depuis dix ans jusqu'en ses derniers jours,
A soutenu le prix en l'escrime d'amours ;
Lasse enfin de servir au peuple de quintaine,
N'étant passe-volant, soldat, ni capitaine,
Depuis les plus chétifs jusques aux plus fendants,
Qu'elle n'ait déconfit et mis dessus les dents ;
Lasse, dis-je, et non soûle, enfin s'est retirée,
Et n'a plus d'autre objet que la voûte éthérée.
Elle qui n'eut, avant que pleurer son délit,
Autre ciel pour objet que le ciel de son lit,
A changé de courage, et, confite en détresse,
Imite avec ses pleurs la sainte pécheresse ;
Donnant des saintes lois à son affection,
Elle a mis son amour à la dévotion.
Sans art elle s'habille ; et, simple en contenance,
Son teint mortifié prêche la continence.

Clergesse elle fait jà la leçon aux prêcheurs :
Elle lit saint Bernard, la Guide des Pécheurs,
Les Méditations de la mère Thérèse;
Sait que c'est qu'hypostase avecque syndérèse;
Jour et nuit elle va de couvent en couvent;
Visite les saints lieux, se confesse souvent,
A des cas réservés grandes intelligences;
Sait du nom de Jésus toutes les indulgences;
Que valent chapelets, grains bénits enfilés,
Et l'ordre du cordon des pères Récollets.
Loin du monde elle fait sa demeure et son gîte,
Son œil tout pénitent ne pleure qu'eau bénite.
Enfin, c'est un exemple, en ce siècle tortu,
D'amour, de charité, d'honneur et de vertu.
Pour béate par-tout le peuple la renomme;
Et la gazette même a déjà dit à Rome,
La voyant aimer Dieu, et la chair maîtriser,
Qu'on n'attend que sa mort pour la canoniser.
Moi-même, qui ne crois de léger aux merveilles,
Qui reproche souvent mes yeux et mes oreilles,
La voyant si changée en un temps si subit,
Je crus qu'elle l'étoit d'ame comme d'habit;
Que Dieu la retiroit d'une faute si grande;
Et disois à part moi : Mal vit qui ne s'amende.
Jà déjà tout dévot, contrit et pénitent,
J'étois, à son exemple, ému d'en faire autant:
Quand, par arrêt du ciel, qui hait l'hypocrisie,
Au logis d'une fille, où j'ai ma fantaisie;

Cette vieille chouette, à pas lents et posés,
La parole modeste, et les yeux composés,
Entra par révérence; et, resserrant la bouche,
Timide en son respect, sembloit Sainte Nitouche,
D'un Ave Maria, lui donnant le bon jour,
Et de propos communs, bien éloignés d'amour,
Entretenoit la belle, en qui j'ai la pensée
D'un doux imaginer si doucement blessée,
Qu'aimants, et bien aimés, en nos doux passe-
       temps,
Nous rendons en amour jaloux les plus contents.
Enfin, comme en caquet ce vieux sexe fourmille,
De propos en propos, et de fil en aiguille,
Se laissant emporter au flux de ses discours,
Je pense qu'il falloit que le mal eût son cours.
Feignant de m'en aller, d'aguet je me recule,
Pour voir à quelle fin tendoit son préambule;
Moi qui, voyant son port si plein de sainteté,
Pour mourir, d'aucun mal ne me fusse douté.
Enfin, me tapissant au recoin d'une porte,
J'entendis son propos, qui fut de cette sorte :
   Ma fille, Dieu vous garde et vous veuille bénir !
Si je vous veux du mal, qu'il me puisse advenir !
Qu'eussiez-vous tout le bien dont le ciel vous est
       chiche !
L'ayant je n'en serois plus pauvre, ni plus riche :
Car n'étant plus du monde, au bien je ne prétends;
Ou bien si j'en desire, en l'autre je l'attends ;

D'autre chose ici-bas le bon Dieu je ne prie.

A propos, savez-vous? on dit qu'on vous marie.

Je sais bien votre cas : un homme grand, adroit,

Riche, et Dieu sait s'il a tout ce qu'il vous faudroit.

Il vous aime si fort! Aussi pourquoi, ma fille,

Ne vous aimeroit-il? Vous êtes si gentille,

Si mignonne et si belle, et d'un regard si doux,

Que la beauté plus grande est laide auprès de vous.

Mais tout ne répond pas au trait de ce visage,

Plus vermeil qu'une rose, et plus beau qu'un ri-
        vage.

Vous devriez, étant belle, avoir de beaux habits,

Eclater de satin, de perles, de rubis.

Le grand regret que j'ai! non pas, à Dieu ne plaise,

Que j'en ai' de vous voir belle et bien à votre aise:

Mais pour moi je voudrois que vous eussiez au
        moins

Ce qui peut en amour satisfaire à vos soins ;

Que ceci fût de soie et non pas d'étamine.

Ma foi les beaux habits servent bien à la mine.

On a beau s'agencer, et faire les doux yeux,

Quand on est bien parée, on en est toujours mieux:

Mais, sans avoir du bien, que sert la renommée?

C'est une vanité confusément semée

Dans l'esprit des humains, un mal d'opinion,

Un faux germe, avorté dans notre affection ;

Ces vieux contes d'honneur dont on repaît les da-
        mes

Ne sont que des appâts pour les débiles ames,
Qui, sans choix de raison, ont le cerveau perclus.
L'honneur est un vieux saint que l'on ne chomme
    plus.
Il ne sert plus de rien, sinon d'un peu d'excuse,
Et de sot entretien pour ceux-là qu'on amuse,
Ou d'honnête refus, quand on ne veut aimer.
Il est bon en discours pour se faire estimer :
Mais au fond c'est abus, sans excepter personne.
La sage se sait vendre, où la sotte se donne.
    Ma fille, c'est par-là qu'il vous en faut avoir.
Nos biens, comme nos maux, sont en notre pou-
    voir.
Fille qui sait son monde a saison opportune.
Chacun est artisan de sa bonne fortune.
Le malheur, par conduite, au bonheur cédera.
Aidez-vous seulement, et Dieu vous aidera.
Combien, pour avoir mis leur honneur en seques-
    tre,
Ont-elles en velours échangé leur Limestre,
Et dans les plus hauts rangs élevé leurs maris !
Ma fille, c'est ainsi que l'on vit à Paris ;
Et la veuve, aussi bien comme la mariée :
Celle est chaste, sans plus, qui n'en est point priée.
Toutes, au fait d'amour, se chaussent en un point :
Jeanne que vous voyez, dont on ne parle point,
Qui fait si doucement la simple et la discrète,
Elle n'est pas plus sage, ains elle est plus secrète ;

Elle a plus de respect, non moins de passion,
Et cache ses amours sous sa discrétion.
Moi-même, croiriez-vous, pour être plus âgée,
Que ma part, comme on dit, en fût déja mangée?
Non, ma foi; je me sens et dedans et dehors,
Et mon bas peut encore user deux ou trois corps.
Mais chaque âge a son temps. Selon le drap la robe.
Ce qu'un temps on a trop, en l'autre on le dérobe.
Étant jeune, j'ai su bien user des plaisirs :
Ores j'ai d'autres soins en semblables desirs.
Je veux passer mon temps et couvrir le mystère.
On trouve bien la cour dedans un monastère ;
Et, après maint essai, enfin j'ai reconnu
Qu'un homme comme un autre est un moine tout
　　nu.
Puis outre le saint vœu, qui sert de couverture,
Ils sont trop obligés au secret de nature,
Et savent, plus discrets, apporter en aimant,
Avecque moins d'éclat, plus de contentement.
C'est pourquoi, déguisant les bouillons de mon
　　ame,
D'un long habit de cendre enveloppant ma flamme,
Je cache mon dessein aux plaisirs adonné.
Le péché que l'on cache est demi-pardonné.
La faute seulement ne gît en la défense.
Le scandale, l'opprobre, est cause de l'offense.
Pourvu qu'on ne le sache, il n'importe comment.
Qui peut dire que non, ne pèche nullement.

Puis la bonté du ciel nos offenses surpasse.
Pourvu qu'on se confesse, on a toujours sa grace.
Il donne quelque chose à notre passion ;
Et qui, jeune, n'a pas grande dévotion,
Il faut que, pour le monde, à la feindre il s'exerce.
C'est entre les dévots un étrange commerce,
Un trafic par lequel, au joli temps qui court,
Toute affaire fâcheuse est facile à la cour.
Je sais bien que votre âge, encore jeune et tendre,
Ne peut, ainsi que moi, ces mystères comprendre:
Mais vous devriez, ma fille, en l'âge où je vous voi,
Etre riche, contente, avoir fort bien de quoi ;
Et, pompeuse en habits, fine, accorte et rusée,
Reluire de joyaux, ainsi qu'une épousée.
Il faut faire vertu de la nécessité.
Qui sait vivre ici-bas n'a jamais pauvreté.
Puisqu'elle vous défend des dorures l'usage,
Il faut que les brillants soient en votre visage ;
Que votre bonne grace en acquière pour vous.
Se voir du bien, ma fille, il n'est rien de si doux.
S'enrichir de bonne heure est une grand sagesse.
Tout chemin d'acquérir se ferme à la vieillesse,
A qui ne reste rien, avec la pauvreté,
Qu'un regret épineux d'avoir jadis été.
Où, lorsqu'on a du bien, il n'est si décrépite,
Qui ne trouve, en donnant, couvercle à sa mar‑
     mite.
Non, non, faites l'amour, et vendez aux amants

Vos accueils, vos baisers et vos embrassements.
C'est gloire, et non pas honte, en cette douce peine,
Des acquets de son lit accroître son domaine.
Vendez ces doux regards, ces attraits, ces appas :
Vous-même vendez-vous, mais ne vous livrez pas.
Conservez-vous l'esprit; gardez votre franchise ;
Prenez tout, s'il se peut; ne soyez jamais prise.
Celle qui par amour s'engage en ces malheurs ,
Pour un petit plaisir, a cent mille douleurs.
Puis un homme au déduit ne vous peut satisfaire;
Et quand, plus vigoureux, il le pourroit bien faire,
Il faut tondre sur tout, et changer à l'instant.
L'envie en est bien moindre, et le gain plus com-
          ptant.
Sur-tout soyez de vous la maîtresse et la dame.
Faites, s'il est pessible, un miroir de votre ame,
Qui reçoit tous objets, et tout content les perd ;
Fuyez ce qui vous nuit, aimez ce qui vous sert.
Faites profit de tout, et même de vos pertes.
A prendre sagement ayez les mains ouvertes ;
Ne faites, s'il se peut, jamais présent ni don ,
Si ce n'est d'un chabot pour avoir un gardon.
Parfois on peut donner pour les galands attraire.
A ces petits présents je ne suis pas contraire ,
Pourvu que ce ne soit que pour les amorcer.
Les fines, en donnant, se doivent efforcer
A faire que l'esprit, et que la gentillesse
Fasse estimer les dons, et non pas la richesse.

Pour vous, estimez plus qui plus vous donnera.
Vous gouvernant ainsi, Dieu vous assistera.
Au reste, n'épargnez ni Gaultier, ni Garguille.
Qui se trouvera pris, je vous pri' qu'on l'étrille.
Il n'est que d'en avoir : le bien est toujours bien.
Et ne vous doit chaloir ni de qui, ni combien :
Prenez à toutes mains, ma fille, et vous souvienne
Que le gain a bon goût, de quelque endroit qu'il
      vienne.
Estimez vos amants selon le revenu :
Qui donnera le plus, qu'il soit le mieux venu.
Laissez la mine à part; prenez garde à la somme.
Riche vilain vaut mieux que pauvre gentilhomme.
Je ne juge, pour moi, les gens sur ce qu'ils sont,
Mais selon le profit et le bien qu'ils me font.
Quand l'argent est mêlé, l'on ne peut reconnoître
Celui du serviteur d'avec celui du maître.
L'argent d'un cordon-bleu n'est pas d'autre façon
Que celui d'un fripier, ou d'un aide à maçon.
Que le plus et le moins y mette différence ,
Et tienne seulement la partie en souffrance,
Que vous rétablirez du jour au lendemain ;
Et toujours retenez le bon bout à la main :
De crainte que le temps ne détruise l'affaire ,
Il faut suivre de près le bien que l'on diffère ,
Et ne le différer qu'en tant que l'on le peut
Aisément rétablir aussitôt qu'on le veut.
Tous ces beaux suffisants dont la cour est semée

Ne sont que triacleurs et vendeurs de fumée.

Ils sont beaux, bien peignés, belle barbe au men-
    ton :

Mais quand il faut payer, au diantre le teston ;

Et faisant des mourants, et de l'ame saisie,

Ils croyent qu'on leur doit pour rien la courtoisie.

Mais c'est pour leur beau nez. Le puits n'est pas
    commun :

Si j'en avois un cent, ils n'en auroient pas un.

    Et ce poete croté (1), avec sa mine austère,

Vous diriez à le voir que c'est un secrétaire.

Il va mélancolique, et les yeux abaissés,

Comme un sire qui plaint ses parents trépassés.

Mais Dieu sait, c'est un homme aussi bien que les
    autres.

Jamais on ne lui voit aux mains des patenôtres.

Il hante en mauvais lieux : gardez-vous de cela ;

Non, si j'étois de vous, je le planterois-là.

Et bien, il parle livre ; il a le mot pour rire :

Mais au reste, après tout, c'est un homme à satire.

Vous croîriez à le voir qu'il vous dût adorer.

Gardez, il ne faut rien pour vous déshonorer.

Ces hommes médisants ont le feu sous la lèvre ;

Ils sont matelineurs, prompts à prendre la chèvre,

Et tournent leurs humeurs en bizarres façons ;

Puis, ils ne donnent rien, si ce n'est des chansons.

---

(1) C'est Régnier lui-même.

Mais non, ma fille, non : qui veut vivre à son aise,
Il ne faut simplement un ami qui vous plaise,
Mais qui puisse au plaisir joindre l'utilité.
En amours, autrement, c'est imbécillité.
Qui le fait à crédit n'a pas grande ressource :
On y fait des amis, mais peu d'argent en bourse.
Prenez-moi ces abbés, ces fils de financiers,
Dont, depuis cinquante ans, les pères usuriers,
Volant à toutes mains, ont mis en leur famille
Plus d'argent que le roi n'en a dans la Bastille.
C'est là que votre main peut faire de beaux coups.
Je sais de ces gens-là qui languissent pour vous :
Car étant ainsi jeune, en vos beautés parfaites,
Vous ne pouvez savoir tous les coups que vous
          faites ;
Et les traits de vos yeux haut et bas élancés,
Belle, ne voyent pas tous ceux que vous blessez.
Tel s'en vient plaindre à moi, qui n'ose le vous
          dire :
Et tel vous rit de jour, qui toute nuit soupire,
Et se plaint de son mal, d'autant plus véhément,
Que vos yeux sans dessein le font innocemment.
En amour l'innocence est un savant mystère,
Pourvu que ce ne soit une innocence austère,
Mais qui sache, par art, donnant vie et trépas,
Feindre avecque douceur qu'elle ne le sait pas.
Il faut aider ainsi la beauté naturelle.
L'innocence autrement est vertu criminelle,

Avec elle il nous faut et blesser et guérir.

Et parmi les plaisirs faire vivre et mourir.

Formez-vous des desseins dignes de vos mérites.

Toutes basses amours sont pour vous trop petites.

Ayez dessein aux dieux : pour de moindres beau-
        tés,

Ils ont laissé jadis les cieux déshabités.

  Durant tous ces discours, Dieu sait l'impa-
        tience !

Mais comme elle a toujours l'œil à la défiance,

Tournant deça delà vers la porte où j'étois,

Elle vit en sursaut comme je l'écoutois.

Elle trousse bagage ; et faisant la gentille :

Je vous verrai demain ; adieu, bon soir, ma fille.

Ha ! vieille, dis-je lors, qu'en mon cœur je maudis,

Est-ce là le chemin pour gagner paradis ?

Dieu te doit pour guerdon de tes œuvres si saintes,

Que soient avant ta mort tes prunelles éteintes ;

Ta maison découverte, et sans feu tout l'hiver,

Avecque tes voisins jour et nuit estriver :

Et traîner, sans confort, triste et désespérée,

Une pauvre vieillesse, et toujours altérée !

SATIRE XIV (1).

LA FOLIE EST GÉNÉRALE.

J'ai pris cent et cent fois la lanterne en la main,
Cherchant en plein midi, parmi le genre humain,
Un homme qui fût homme et de fait et de mine,
Et qui pût des vertus passer par l'étamine.
Il n'est coin et recoin que je n'aye tenté,
Depuis que la nature ici-bas m'a planté :
Mais tant plus je me lime, et plus je me rabote,
Je crois qu'à mon avis tout le monde radote,
Qu'il a la tête vide et c'en dessus dessous,
Ou qu'il faut qu'au rebours je sois l'un des plus
      fous ;
C'est de notre folie un plaisant stratagême,
Se flattant, de juger les autres par soi-même.
Ceux qui pour voyager s'embarquent dessus l'eau
Voyent aller la terre, et non pas leur vaisseau.
Peut-être, ainsi trompé, que faussement je juge.
Toutefois, si les fous ont leur sens pour refuge,
Je ne suis pas tenu de croire aux yeux d'autrui :
Puis j'en sais pour le moins autant ou plus que lui.
Or ce n'est point pour être élevé de fortune :

---

(1) Cette satire paroît être adressée au duc de Sully.

Aux sages, comme aux fous, c'est chose assez com-
       mune ;
Elle avance un chacun sans raison et sans choix ;
Les fous sont aux échecs les plus proches des rois.
Aussi mon jugement sur cela ne se fonde ;
Au compas des grandeurs je ne juge le monde :
L'éclat de ces clinquants ne m'éblouit les yeux.
Pour être dans le ciel je n'estime les dieux,
Mais pour s'y maintenir, et gouverner de sorte
Que ce tout en devoir réglément se comporte,
Et que leur providence également conduit
Tout ce que le soleil en la terre produit.
Des hommes, tout ainsi, je ne puis reconnoître
Les grands, mais bien ceux-là qui méritent de
       l'être,
Et de qui le mérite, indomptable en vertu,
Force les accidents, et n'est point abattu.
Non plus que des farceurs je n'en puis faire
       compte ;
Ainsi que l'un descend on voit que l'autre monte,
Selon ou plus ou moins que dure le rôlet ;
Et l'habit fait, sans plus, le maître ou le valet
De même est de ces gens dont la grandeur se joue :
Aujourd'hui gros, enflés, sur le haut de la roue,
Ils font un personnage ; et demain renversés,
Chacun les met au rang des péchés effacés.
La Fortune est bizarre, à traiter indocile,
Sans arrêt, inconstante, et d'humeur diffici'e ;

Avec discrétion il la faut caresser :
L'un la perd bien souvent pour la trop embrasser,
Ou pour s'y fier trop ; l'autre par insolence,
Ou pour avoir trop peu ou trop de violence,
Ou pour se la promettre, ou se la dénier :
Enfin c'est un caprice étrange à manier.
Son amour est fragile, et se rompt comme un verre,
Et fait aux plus matois donner du nez en terre.
Pour moi, je n'ai point vu, parmi tant d'avancés,
Soit de ces temps-ici, soit des siècles passés,
Homme que la fortune ait tâché d'introduire,
Qui durant le bon vent ait su se bien conduire.
Or d'être cinquante ans aux honneurs élevé,
Des grands et des petits dignement approuvé,
Et de sa vertu propre aux malheurs faire obstacle,
Je n'ai point vu de sots avoir fait ce miracle.
Aussi, pour discerner le bien d'avec le mal,
Voir tout, connoître tout, d'un œil toujours égal,
Manier dextrement les desseins de nos princes,
Répondre à tant de gens de diverses provinces,
Etre des étrangers pour oracle tenu,
Prévoir tout accident avant qu'être advenu,
Détourner par prudence une mauvaise affaire,
Ce n'est pas chose aisée, ou trop facile à faire.
Voilà comme on conserve avecque jugement
Ce qu'un autre dissipe et perd imprudemment.
Quand on se brûle au feu que soi-même on attise,
Ce n'est point accident, mais c'est une sottise.

Nous sommes du bonheur de nous-même artisans,
Et fabriquons nos jours ou fâcheux, ou plaisants.
La fortune est à nous, et n'est mauvaise, ou bonne,
Que selon qu'on la forme, ou bien qu'on se la
    donne.

A ce point le Malheur, ami, comme ennemi,
Trouvant au bord d'un puits un enfant endormi,
En risque d'y tomber, à son aide s'avance,
En lui parlant ainsi le réveille et le tance :
Sus, badin, levez-vous ; si vous tombiez dedans,
De douleur vos parents, comme vous imprudents,
Croyant en leur esprit que de tout je dispose,
Diroient en me blâmant que j'en serois la cause.

Ainsi nous séduisant d'une fausse couleur,
Souvent nous imputons nos fautes au malheur,
Qui n'en peut mais : mais quoi ! l'on le prend à
    partie,
Et chacun de son tort cherche la garantie ;
Et nous pensons bien fins, soit véritable, ou faux,
Quand nous pouvons couvrir d'excuses nos dé-
    fauts.
Mais ainsi qu'aux petits, aux plus grands person-
    nages,
Sondez tout jusqu'au fond : les fous ne sont pas
    sages.
Or, c'est un grand chemin jadis assez frayé,
Qui des rimeurs françois ne fut onc essayé :
Suivant les pas d'Horace entrant en la carrière,

Je trouve des humeurs de diverse manière,
Qui me pourroient donner sujet de me moquer ;
Mais qu'est-il de besoin de les aller choquer ?
Chacun, ainsi que moi, sa raison fortifie,
Et se forme à son goût une philosophie :
Ils ont droit en leur cause ; et de la contester,
Je ne suis chicaneur, et n'aime à disputer.

Gallet (1) a sa raison ; et qui croira son dire.
Le hasard pour le moins lui promet un empire :
Toutefois, au contraire, étant léger et net,
N'ayant que l'espérance, et trois dez au cornet,
Comme sur un bon fonds de rente et de recettes.
Dessus sept, ou quatorze, il assigne ses dettes (2),
Et trouve sur cela qui lui fournit de quoi.
Ils ont une raison qui n'est raison pour moi,
Que je ne puis comprendre, et qui bien l'examine,
Est-ce vice ou vertu qui leur fureur domine ?
L'un, alléché d'espoir de gagner vingt pour cent.
Ferme l'œil à sa perte, et librement consent
Que l'autre le dépouille, et ses meubles engage,
Même, s'il est besoin, baille son héritage.
Or le plus sot d'entre eux, je m'en rapporte à lui,
Pour l'un il perd son bien, l'autre celui d'autrui.
Pourtant c'est un trafic qui suit toujours sa route,

---

(1) Fameux joueur de dés du temps de Reguier.
(2) Boileau a dit aussi, satire IV :
Attendant son destin d'un quatorze ou d'un sept.

Où, bien moins qu'à la place, on a fait banque-
 route,
Et qui dans le brelan se maintient bravement,
N'en déplaise aux arrêts de notre parlement.
Pensez-vous, sans avoir ses raisons toutes prêtes,
Que le sieur de Provins persiste en ses requêtes,
Et qu'il ait, sans espoir d'être mieux à la cour,
A son long balandran changé son manteau court,
Bien que, depuis vingt ans, sa grimace importune
Ait à sa défaveur obstiné la fortune ?
Il n'est pas le Cousin(1), qui n'ait quelque raison.
De peur de réparer, il laisse sa maison ;
Que son lit ne défonce, il dort dessus la dure ;
Et n'a, crainte du chaud, que l'air pour couver-
 ture :
Il ne craint ni les dents, ni les défluxions,
Et son corps a, tout sain, libres ses fonctions.
En tout indifférent, tout est à son usage.
On dira qu'il est fou; je crois qu'il n'est pas sage ;
Que Diogene aussi fût un fou de tout point,
C'est ce que le Cousin, comme moi, ne croit point.
 Or, suivant ma raison et mon intelligence,
Mettant tout en avant, et soin, et diligence,
Et criblant mes raisons pour en faire un bon choix,
Vous êtes à mon gré l'homme que je cherchois.

(1) Espèce de fou, ainsi nommé parce qu'il disoit de
Henri IV, *le roi mon cousin.*

Un chacun en son sens selon son choix abonde.
Or, m'ayant mis en goût des hommes et du monde,
Réduisant brusquement le tout en son entier,
Encor faut-il finir par un tour du métier.
On dit que Jupiter, roi des dieux et des hommes,
Se promenant un jour en la terre où nous sommes,
Reçut en amitié deux hommes apparents,
Tous deux d'âge pareils, mais de mœurs diffé-
       rents :
L'un avoit nom Minos, l'autre avoit nom Tantale.
Il les élève au ciel ; et d'abord leur étale,
Parmi les bons propos, les graces et les ris,
Tout ce que la faveur départ aux favoris :
Ils mangeoient à sa table, avaloient l'ambroisie,
Et des plaisirs du ciel soûloient leur fantaisie ;
Ils étoient comme chefs de son conseil privé ;
Et rien n'étoit bien fait qu'ils n'eussent approuvé.
Minos eut bon esprit, prudent, accort et sage,
Et sut, jusqu'à la fin, jouer son personnage :
L'autre fut un langard, révélant les secrets
Du ciel et de son maître aux hommes indiscrets.
L'un, avecque prudence, au ciel s'impatronise ;
Et l'autre en fut chassé comme un péteux d'église.

SATIRE XV.

LE POETE MALGRÉ SOI.

Oui, j'écris rarement, et me plais de le faire :
Non pas que la paresse en moi soit ordinaire ;
Mais sitôt que je prends la plume à ce dessein,
Je crois prendre en galère une rame en la main ;
Je sens, au second vers que la muse me dicte,
Que contre sa fureur ma raison se dépite.
Or, si parfois j'écris, suivant mon ascendant,
Je vous jure, encore est-ce à mon corps défendant.
L'astre qui de naissance à la muse me lie
Me fait rompre la tête après cette folie ;
Et qui pis est, ce mal, qui m'afflige au mourir,
S'obstine aux récipés, et ne se veut guérir :
Plus on drogue ce mal, et tant plus il s'empire ;
Il n'est point d'ellébore assez en Anticyre,
Revêche à mes raisons, il se rend plus mutin,
Et ma philosophie y perd tout son latin.
Encor si le transport dont mon ame est saisie
Avoit quelque respect durant ma frénésie,
Qu'il se réglât selon les lieux moins importants,
Ou qu'il fît choix des jours, des hommes, ou du
        temps,
Et que lorsque l'hiver me renferme en la chambre,

Aux jours les plus glacés de l'engourdi novembre,
Apollon m'obsédât; j'aurois, en mon malheur,
Quelque contentement à flatter ma douleur.
Mais aux jours les plus beaux de la saison nouvelle,
Que Zéphyre en ses rêts surprend Flore la belle,
Que dans l'air les oiseaux, les poissons en la mer,
Se plaignent doucement du mal qui vient d'aimer;
Ou bien lorsque Cérès de froment se couronne,
Ou que Bacchus soupire, amoureux de Pomone ;
Ou lorsque le safran, la dernière des fleurs,
Dore le Scorpion de ses belles couleurs (1) ;
C'est alors que la verve insolemment m'outrage,
Que la raison forcée obéit à la rage ,
Et que, sans nul respect des hommes, ou du lieu,
Il faut que j'obéisse aux fureurs de ce dieu :
Comme en ces derniers jours, les plus beaux de
  l'année,
Que Cybèle est par-tout de fruits environnée ;
Que le paysan recueille, emplissant à milliers
Greniers, granges, chartis, et caves et celliers ;
Et que Junon, riant d'une douce influence,
Rend son œil favorable aux champs qu'on ense-
  mence ;
Que je me resoudois, loin du bruit de Paris,
Et du soin de la cour, ou de ses favoris,

---

(1) Le safran ne fleurit qu'au mois d'octobre, époque
où le soleil entre dans le signe du scorpion.

M'égayer au repos que la campagne donne ;
Et sans parler curé, doyen, chantre, ou Sorbonne,
D'un bon mot faire rire , en si belle saison ,
Vous, vos chiens et vos chats, et toute la maison.
Et là, dedans ces champs que la rivière d'Oise
Sur des arènes d'or en ses bords se dégoise
(Séjour jadis si doux à ce roi qui deux fois
Donna Sidon en proie à ses peuples françois),
Faire maints soubre-sauts, libre de corps et d'ame;
Et, froid aux appétits d'une amoureuse flamme,
Etre vide d'amour comme d'ambition ,
Des galands de ce temps horrible passion.
   Mais à d'autres revers ma fortune est tournée :
Dès le jour que Phœbus nous montre la journée,
Comme un hibou qui fuit la lumière et le jour,
Je me lève, et m'en vais dans le plus creux séjour
Que Royaumont (1) recèle en ses forêts secrettes,
Des renards et des loups les ombreuses retraites ;
Et là, malgré mes dents, rongeant et ravassant,
Polissant les nouveaux, les vieux rapetassant,
Je fais des vers, qu'encor qu'Apollon les avoue,
Dedans la cour peut-être on leur fera la moue ;
Ou s'ils sont, à leur gré, bien faits et bien polis,
J'aurai pour récompense: Ils sont vraiment jolis.
Mais moi, qui ne me règle aux jugements des
      hommes,

_____

(1) Abbaye fondée par saint Louis, vers l'an 1230.
C'est dans cette église que Regnier a été enseveli.

Qui dedans et dehors connois ce que nous sommes,
Comme le plus souvent ceux qui savent le moins
Sont témérairement et juges et témoins,
Pour blâme, ou pour louange, ou pour froide
    parole,
Je ne fais de léger banqueroute à l'école
Du bonhomme Empedocle, où son discours m'ap-
    prend
Qu'en ce monde il n'est rien d'admirable et de
    grand,
Que l'esprit dédaignant une chose bien grande,
Et qui, roi de soi-même, à soi-même commande.
Pour ceux qui n'ont l'esprit si fort, ni si trempé,
Afin de n'être point de soi-même trompé,
Chacun se doit connoître; et, par un exercice,
Cultivant sa vertu, déraciner son vice;
Et, censeur de soi-même, avec soin corriger
Le mal qui croît en nous, et non le négliger.
Ils devoient a propos tâcher d'ouvrir la bouche,
Mettant leur jugement sous la pierre de touche,
S'étudier de n'être en leurs discours tranchants,
Par eux-mêmes jugés ignares ou méchants,
Et ne mettre sans choix, en égale balance,
Le vice, la vertu, le crime, l'insolence.
Qui me blame aujourd'hui, demain il me louera,
Et peut-être aussitôt il se désavouera.
La louange est à prix, le hasard la débite,
Et le vice souvent vaut mieux que le mérite:

Pour moi, je ne fais cas ni ne me puis vanter
Ni d'un mal ni d'un bien que l'on me peut ôter.
Avec proportion se départ la louange ;
Autrement c'est pour moi du baragouin étrange.
Le vrai me fait dans moi reconnoître le faux ,
Au poids de la vertu je juge les défauts.
J'assigne l'envieux cent ans après la vie ,
Où l'on dit qu'en amour se convertit l'envie.
Le juge sans reproche est la postérité.
Le temps qui tout découvre en fait la vérité,
Puis la montre à nos yeux; ainsi dehors la terre
Il tire les trésors , et puis les y resserre.

    Donc moi, qui ne m'amuse à ce qu'on dit ici,
Je n'ai de leurs discours ni plaisir, ni souci ;
Et ne m'émeus non plus , quand leur discours
      fourvoie,
Que d'un conte d'Urgande (1) , et de ma mère
      l'Oie.
Mais puisque tout le monde est aveugle en son
      fait ,
Et que dessous la lune il n'est rien de parfait,
Sans plus se contrôler, quant à moi je conseille
Qu'un chacun doucement s'excuse à la pareille.
Laissons ce qu'en rêvant ces vieux fous ont écrit ;
Tant de philosophie embarrasse l'esprit.
Qui se contraint au monde, il ne vit qu'en torture.
Nous ne pouvons faillir suivant notre nature.

_____

(1) Fameuse magicienne du roman d'Amadis.

Je t'excuse, Pierrot; de même excuse-moi;
Ton vice est de n'avoir ni dieu, ni foi, ni loi :
Tu couvres tes plaisirs avec l'hypocrisie.
Chupin se taisant veut couvrir sa jalousie ;
Rison accroît son bien d'usure et d'intérêts ;
Selon ou plus ou moins Jean donne ses arrêts,
Et comme au plus offrant débite la justice.
Ainsi, sans rien laisser, un chacun a son vice.
Le mien est d'être libre, et ne rien admirer,
Tirer le bien du mal, lorsqu'il s'en peut tirer ;
Sinon adoucir tout par une indifférence, ·
Et vaincre le malheur avec la patience ;
Estimer peu de gens, suivre mon vercoquin,
Et mettre à même taux le noble et le coquin.
 D'autre part, je ne puis voir un mal sans m'en
  plaindre ;
Quelque part que ce soit je ne me puis contrain-
  dre.
Voyant un chicaneur riche d'avoir vendu
Son devoir à celui qui dût être pendu ;
Un avocat instruire en l'une et l'autre cause ;
Un Lopet qui partis dessus partis propose ;
Un médecin remplir les limbes d'avortons ;
Un banquier qui fait Rome ici pour six testons ;
Un prélat, enrichi d'intérêt et d'usure ;
Plaindre son bois saisi pour n'être de mesure (1);

_____

(1) La mesure du bois qui se vend à Paris a été réglée

Un Jean, abandonnant femme, filles et sœurs,
Payer mêmes en chair jusques aux rôtissenrs ;
Rousset faire le prince, et tant d'autre mystère :
Mon vice est, mon ami, de ne m'en pouvoir taire.

Or, des vices où sont les hommes attachés,
Comme les petits maux font les petits péchés,
Ainsi les moins mauvais sont ceux dont tu retires
Du bien, comme il advient le plus souvent des
    pires,
Au moins estimés tels; c'est pourquoi, sans errer,
Au sage bien souvent on les peut desirer,
Comme aux prêcheurs l'audace à reprendre le
    vice,
La folie aux enfants, aux juges l'injustice.
Viens donc ; et regardant ceux qui faillent le
    moins,
Sans aller rechercher ni preuve ni témoins,
Informons de nos faits, sans haine et sans envie,
Et jusqu'au fond du sac épluchons notre vie.

De tous ces vices-là, dont ton cœur entaché
S'est vu par mes écrits si librement touché,
Tu n'en peux retirer que honte et que dommage.
En vendant la justice, au ciel tu fais outrage,
Le pauvre tu détruis, la veuve et l'orphelin,
Et ruines chacun avec ton patelin.

---

particulièrement par une ordonnance de Charles VI, du
19 septembre 1439.

Ainsi conséquemment de tout dont je t'offense,
Et dont je ne m'attends d'en faire pénitence :
Car parlant librement, je prétends t'obliger
A purger tes défauts, tes vices corriger.
Si tu le fais, enfin, en ce cas je mérite,
Puisqu'en quelque façon mon vice te profite.

SATIRE XVI.

NI CRAINTE, NI ESPÉRANCE.

N'AVOIR crainte de rien, et ne rien espérer,
Ami, c'est ce qui peut les hommes bienheurer.
J'aime les gens hardis, dont l'ame non commune,
Morguant les accidents, fait tête à la fortune,
Et voyant le soleil de flamme reluisant,
La nuit au manteau noir les astres conduisant,
La lune se masquant de formes différentes,
Faire naître les mois dans ses courses errantes,
Et les cieux se mouvoir par ressorts discordants,
Les uns chauds, tempérés, et les autres ardents ;
Qui ne s'émouvant point, de rien n'ont l'ame at-
        teinte,
Et n'ont, en les voyant, espérance ni crainte.
Même, si pêle-mêle avec les éléments
Le ciel d'airain tomboit jusques aux fondements,
Et que tout se froissât d'une étrange tempête,
Les éclats sans frayeur leur frapperoient la tête.
Dis-moi, qu'est-ce qu'on doit plus chèrement
        aimer
De tout ce que nous donne ou la terre ou la mer ;
Ou ces grands diamants, si brillants à la vue,
Dont la France se voit à mon gré trop pourvue ;

Ou ces honneurs cuisants que la faveur départ,
Souvent moins par raison que non pas par hasard;
Ou toutes ces grandeurs après qui l'on abbaye,
Qui font qu'un président dans les procès s'égaye?
De quel œil, trouble, ou clair, dis-moi, les doit-on
      voir,
Et de quel appétit au cœur les recevoir?
Je trouve, quant à moi, bien peu de différence
Entre la froide peur et la chaude espérance:
D'autant que même doute également assaut
Notre esprit, qui ne sait au vrai ce qu'il lui faut.
Car étant la fortune en ses fins incertaine,
L'accident non prévu nous donne de la peine.
Quand le succès du bien au desir n'est égal,
Nous nous sentons troublés du bien comme du
      mal;
Et trouvant même effet en un sujet contraire,
Le bien fait dedans nous ce que le mal peut faire.
   Or donc que gagne-t-on de rire ou de pleurer,
Craindre confusément, bien ou mal espérer;
Puisque même le bien, excédant notre attente,
Nous saisissant le cœur, nous trouble, et nous
      tourmente,
Et nous désobligeant nous même en ce bonheur,
La joie et le plaisir nous tient lieu de douleur?
   Selon son rôle, on doit jouer son personnage.
Le bon sera méchant, insensé l'homme sage;
Et le prudent sera de raison dévêtu,

S'il se montre trop chaud à suivre la vertu.
Va donc ; et d'un cœur sain voyant le Pont-au-
    Change,
Desire l'or brillant sous mainte pierre étrange,
Ces gros lingots d'argent qu'à grands coups de
    marteaux
L'art forme en cent façons de plats et de vaisseaux ;
Et devant que le jour aux gardes se découvre,
Va, d'un pas diligent, à l'Arsenal, au Louvre ;
Talonne un président, suis-le comme un valet ;
Même, s'il est besoin, étrille son mulet.
Suis jusques au conseil les maîtres des requêtes ;
Ne t'enquiers curieux s'ils sont hommes ou bêtes,
Et les distingue bien : les uns ont le pouvoir
De juger finement un procès sans le voir ;
Les autres, comme dieux, près le soleil résident,
Et, démons de Plutus, aux finances président ;
Car leurs seules faveurs peuvent, en moins d'un
    an,
Te faire devenir Chalange, ou Montauban (1).
Je veux encore plus ; démembrant ta province,
Je veux, de partisan, que tu deviennes prince :
Tu seras des badauts en passant adoré,
Et sera jusqu'au cuir ton carosse doré ;
Chacun en ta faveur mettra son espérance.
Mille valets sous toi désoleront la France.

---

(1) Riches partisans.

Tes logis, tapissés en magnifique arroi,

D'éclat aveugleront ceux-là même du roi.

Mais si faut-il enfin que tout vienne à son compte,

Et, soit avec l'honneur, ou soit avec la honte,

Il faut, perdant le jour, esprit, sens, et vigueur,

Mourir comme Enguerrand (1), ou comme Jacques Cœur (2);

Et descendre là-bas, où, sans choix de personnes,

Les écuelles de bois s'égalent aux couronnes.

  En courtisant, pourquoi perdrois-je tout mon
   temps,

Si de bien et d'honneur mes esprits sont contents?

Pourquoi d'ame et de corps faut-il que je me
  peine,

Et qu'étant hors du sens, aussi-bien que d'haleine,

Je suive un financier, soir, matin, froid et chaud,

Si j'ai du bien pour vivre autant comme il m'en
  faut?

Qui n'a point de procès, au palais n'a que faire.

Un président pour moi n'est non plus qu'un no-
  taire.

---

(1) Enguerrand de Marigny, sur-intendant des finances, sous Louis X, fut condamné, en 1315, à être attaché au gibet de Monfaucon, qu'il avoit fait dresser lui-même.

(2) Jacques-Cœur, argentier (ministre des finances) sous Charles VII, fut condamné à l'exil, et dépouillé de ses biens en 1453.

Adorant la vertu , de cœur , d'âme et de foi ,
Sans la chercher si loin , chacun l'a dedans soi.

FIN DES SATYRES.

DISCOURS AU ROI (1).

EPITRE I.

Il étoit presque jour, et le ciel souriant
Blanchissoit de clarté les peuples d'Orient ;
L'Aurore, aux cheveux d'or, au visage de roses,
Déja, comme à demi, découvroit toutes choses ;
Et les oiseaux, perchés en leur feuilleux séjour,
Commençoient, s'éveillant, à se plaindre d'amour :
Quand je vis en sursaut une bête effroyable (2),
Chose étrange à conter, toutefois véritable,
Qui, plus qu'une hydre affreuse à sept gueules
      meuglant
Avoit les dents d'acier, l'œil horrible et sanglant,
Et pressoit à pas torts une nymphe fuyante (3),
Qui, réduite aux abois, plus morte que vivante,
Haletante de peine, en son dernier recours,
Du grand Mars des François imploroit le secours,
Embrassoit ses genoux, et, l'appelant aux armes,

---

(1) Henri IV.
(2) La ligue.
(3) La France.

N'avoit autre discours que celui de ses larmes.
Cette nymphe étoit d'âge, et ses cheveux mêlés
Flottoient au gré du vent, sur son dos avalés.
Sa robe étoit d'azur, où cent fameuses villes
Elevoient leurs clochers sur des plaines fertiles.
La mer aux deux côtés cet ouvrage bordoit ;
L'Alpe de la main gauche en biais s'épandoit
Du Rhin jusqu'en Provence; et le mont qui partage
D'avecque l'espagnol le françois héritage,
De Leucate à Bayonne en cornes se haussant,
Montroit son front pointu de neiges blanchissant.

Le tout étoit formé d'une telle manière
Que l'art ingénieux excédoit la matière.
Sa taille étoit auguste, et son chef, couronné,
De cent fleurs de lis d'or étoit environné.

Ce grand prince, voyant le souci qui la grève,
Touché de piété, la prend et la relève ;
Et de feux étouffant ce funeste animal,
La délivra de peur aussitôt que de mal ;
Et purgeant le venin dont elle étoit si pleine,
Rendit en un instant la nymphe toute saine.
Ce prince, ainsi qu'un Mars, en armes glorieux,
De palmes ombrageoit son chef victorieux,
Et sembloit de ses mains au combat animées,
Comme foudre, jeter la peur dans les armées.
Ses exploits achevés en ses armes vivoient :
Là, les camps de Poitou d'une part s'élevoient,
Qui, superbes, sembloient s'honorer en la gloire

D'avoir premiers chantés sa première victoire
Dieppe, de l'autre part, sur la mer s'allongeoit,
Où par force il rompoit le camp qui l'assiégeoit ;
Et poussant plus avant ses troupes épanchées,
Le matin en chemise il surprit les tranchées.
Là, Paris délivré de l'espagnole main
Se déchargeoit le cou de son joug inhumain.
La campagne d'Ivry sur le flanc ciselée
Favorisoit son prince au fort de la mêlée ;
Et de tant de ligueurs par sa dextre vaincus
Au dieu de la bataille appendoit les écus.
Plus haut étoit Vendôme, et Chartres, et Pontoise,
Et l'Espagnol défait à Fontaine-Françoise,
Où la valeur du foible, emportant le plus fort,
Fit voir que la vertu ne craint aucun effort.
Deçà, delà, luttoit mainte troupe rangée,
Mainte grande cité gémissoit assiégée,
Où, sitôt que le fer l'en rendoit possesseur,
Aux rebelles vaincus il usoit de douceur :
Vertu rare au vainqueur, dont le courage extrême
N'a gloire en la fureur qu'à se vaincre soi-même !
    Le chêne et le laurier cet ouvrage ombrageoit,
Où le peuple dévot sous ses lois se rangeoit ;
Et de vœux et d'encens au ciel faisoit prière
De conserver son prince en sa vigueur entière.
Maint puissant ennemi, dompté par sa vertu,
Languissoit dans les fers sous ses pieds abattu,
Tout semblable à l'Envie, à qui l'étrange rage

9

De l'heur de son voisin enfielle le courage ;
Hideuse, basanée, et chaude de rancœur,
Qui ronge ses poumons, et se mâche le cœur.

Après quelque prière en son cœur prononcée,
La nymphe, en le quittant, au ciel s'est élancée ;
Tandis que la faveur précipitoit son cours,
Véritable prophète, elle fait ce discours :

Peuple, l'objet piteux du reste de la terre,
Indocile à la paix, et trop chaud à la guerre,
Qui, fécond en partis, et léger en desseins,
Dedans ton propre sang souilles tes propres
        mains,
Entends ce que je dis, attentif à ma bouche,
Et qu'au plus vif du cœur ma parole te touche.
Depuis qu'irrévérent envers les immortels,
Tu taches de mépris l'église et ses autels ;
Qu'au lieu de la raison gouverne l'insolence ;
Que le droit altéré n'est qu'une violence ;
Que par force le foible est foulé du puissant ;
Que la ruse ravit le bien à l'innocent ;
Et que la vertu sainte, en public méprisée,
Sert aux jeunes de masque, aux plus vieux de risée,
(Prodige monstrueux !) et, sans respect de foi,
Qu'on s'arme ingratement au mépris de son roi :
La Justice et la Paix, tristes et désolées,
D'horreur se retirant, au ciel s'en sont volées :
Le Bonheur aussitôt à grands pas les suivit,
Et depuis le Soleil de bon œil ne te vit.

On a vu tant de fois la jeunesse trompée
De tes enfants passés au tranchant de l'épée ;
Tes filles sans honneur errer de toutes parts ;
Ta maison et tes biens saccagés des soldarts ;
Ta femme insolemment d'entre tes bras ravie ;
Et le fer tous les jours s'attacher à ta vie.
Et cependant aveugle en tes propres effets,
Tout le mal que tu sens, c'est toi qui te le fais ;
Tu t'armes à ta perte, et ton audace forge
L'estoc dont, furieux, tu te coupes la gorge.

Mais quoi! tant de malheurs te suffisent-ils pas?
Ton prince, comme un dieu, te tirant du trépas,
Rendit de tes fureurs les tempêtes si calmes,
Qu'il te fait vivre en paix à l'ombre de ses palmes.
Astrée en sa faveur demeure en tes cités ;
D'hommes et de bétail les champs sont habités :
Le paysan, n'ayant peur des bannières étranges,
Chantant coupe ses bleds, riant fait ses vendanges ;
Et le berger, guidant son troupeau bien nourri,
Enfle sa cornemuse en l'honneur de Henri.
Et toi seul cependant, oubliant tant de graces,
Ton aise trahissant, de ses biens tu te lasses.
Viens, ingrat, réponds-moi, quel bien espères-tu,
Après avoir ton prince en ses murs combattu ;
Après avoir trahi, pour de vaines chimères,
L'honneur de tes aïeux, et la foi de tes pères ;
Après avoir, cruel, tout respect violé,
Et mis à l'abandon ton pays désolé?

Attends-tu que l'Espagne, avec son jeune prin-
    ce (1),
Dans son monde nouveau te donne une province,
Et qu'en ces trahisons, moins sage devenu,
Vers toi, par ton exemple, il ne soit retenu ;
Et qu'ayant démenti ton amour naturelle,
A lui, plus qu'à ton prince, il t'estime fidelle?
Mais quels exploits si beaux a faits ce jeune roi,
Qu'il faille pour son bien que tu fausses ta foi,
Trahisses ta patrie, et que, d'injustes armes,
Tu la combles de sang, de meurtres et de larmes?
Si ton cœur convoiteux est si vif et si chaud,
Cours la Flandre, où jamais la guerre ne défaut ;
Et plus loin, sur les flancs d'Autriche et d'Alle-
    magne,
De Turcs et de turbans enjonche la campagne ;
Puis, tout chargé de coups, de vieillesse et de biens,
Reviens en ta maison mourir entre les tiens.
Tes fils se mireront en si belles dépouilles ;
Les vieilles au foyer, en filant leurs quenouilles,
En chanteront le conte ; et, brave en arguments,
Quelque autre Jean de Meung en fera des ro-
    mans (2).

---

(1) Philippe III, qui succéda à son père Philippe II,
en 1598.

(2) Jean de Meung, dit *Clopinel*, continuateur du
roman de la Rose, commencé par Guillaume de Lorris.

Ha ! que ces paladins vivants dans mon histoire,
Non comme toi touchés d'une bâtarde gloire,
Te furent différents, qui, courageux par-tout,
Tinrent fidellement mon enseigne debout ;
Et qui, se répandant ainsi comme un tonnerre,
Le fer dedans la main firent trembler la terre,
Et tant de rois payens sous la croix déconfits
Asservirent vaincus aux pieds du crucifix,
Dont les bras retroussés, et la tête penchée,
De fers honteusement au triomphe attachée,
Furent de leur valeur témoins si glorieux,
Que les noms de ces preux en sont écrits aux cieux !

Sitôt que cette nymphe, en son dire enflammée,
Pour finir son propos eut la bouche fermée,
Plus haute s'élevant dans le vague des cieux,
Ainsi comme un éclair disparut à nos yeux ;
Et se montrant déesse en sa fuite soudaine,
La place elle laissa de parfum toute pleine,
Qui, tombant en rosée aux lieux les plus pro-
       chains,
Réconforta le cœur et l'esprit des humains.

Henri, le cher sujet de nos saintes prières,
Que le ciel réservoit à nos peines dernières,
Dans le port de la paix, grand prince, puisses-tu,
Malgré tes ennemis, exercer ta vertu !

Attendant que ton fils, instruit par ta vaillance,
Dessous tes étendards sortant de son enfance,
Plus fortuné que toi, mais non pas plus vaillant,

Aille les Ottomans jusqu'au Caire assaillant ;
Et que, semblable à toi, foudroyant les armées,
Il cueille avec le fer les palmes idumées.
Puis, tout flambant de gloire en France revenant,
Le ciel même là-haut de ses faits s'étonnant,
Qu'il épande à tes pieds les dépouilles conquises,
Et que de leurs drapeaux il pare nos églises.
    Alors rajeunissant, au récit de ses faits,
Tes desirs et tes vœux en ses œuvres parfaits,
Tu ressentes d'ardeur ta vieillesse échauffée,
Voyant tout l'univers nous servir de trophée !

A M. DE FORQUEVAUS.

ÉPITRE II.

Puisque le jugement nous croît par le dommage
Il est temps, Forquevaus, que je devienne sage
Et que par mes travaux j'apprenne à l'avenir
Comme, en faisant l'amour, on se doit mainteni:
Après avoir passé tant et tant de traverses,
Avoir porté le joug de cent beautés diverses,
Avoir, en bon soldat, combattu nuit et jour,
Je dois être routier en la guerre d'amour.
Et, comme un vieux guerrier blanchi dessous les
     armes,
Savoir me retirer des plus chaudes alarmes;
Détourner la fortune, et, plus fin que vaillant,
Faire perdre le coup au premier assaillant;
Et savant devenu par un long exercice,
Conduire mon bonheur avec de l'artifice,
Sans courir comme un fou saisi d'aveuglement
Que le caprice emporte, et non le jugement.
Car l'esprit en amour sert plus que la vaillance
Et tant plus on s'efforce, et tant moins on avance
Il n'est que d'être fin, et de soir, ou de nuit,
Surprendre, si l'on peut, l'ennemi dans le lit.

    Du temps que ma jeunesse, à l'amour trop ar
     dente,

Rendoit d'affection mon ame violente,
Et que de tous côtés, sans choix ou sans raison,
J'allois comme un limier après la venaison,
Souvent, de trop de cœur, j'ai perdu le courage;
Et, piqué des douceurs d'un amoureux visage,
J'ai si bien combattu, serré flanc contre flanc,
Qu'il ne m'en est resté une goutte de sang.
Or sage à mes dépens, j'esquive la bataille,
Sans entrer dans le champ j'attends que l'on m'as-
        saille;
Et pour ne perdre point le renom que j'ai eu,
D'un bon mot du vieux temps je couvre tout mon
        jeu;
Et, sans être vaillant, je veux que l'on m'estime.
Ou si par fois encor j'entre en la vieille escrime,
Je goûte le plaisir sans en être emporté,
Et prends de l'exercice au prix de ma santé.
Je résigne aux plus forts ces grands coups de maî-
        trise:
Accablé sous le faix, je fuis toute entreprise;
Et sans plus m'amuser aux places de renom,
Qu'on ne peut emporter qu'à force de canon,
J'aime un amour facile, et de peu de défense.
Si je vois qu'on me rit, c'est là que je m'avance,
Et ne me veux chaloir du lieu, grand ou petit.
La viande ne plaît que selon l'appétit.
Aimer en trop haut lieu une dame hautaine,
C'est aimer en souci le travail et la peine,
C'est nourrir son amour de respect et de soin.

Je suis soûl de servir le chapeau dans le poing ;
Et fuis plus que la mort l'amour d'une grand
    dame.
Toujours comme un forçat, il faut être à la rame.
Naviguer jour et nuit ; et, sans profit aucun,
Porter tout seul le faix de ce plaisir commun.
    Ce n'est pas, Forquevaus, cela que je demande ;
Car si je donne un coup, je veux qu'on me le rende,
Et que les combattants, a l'égal colletés,
Se donnent l'un à l'autre autant de coups fourrés
C'est pourquoi je recherche une jeune fillette,
Experte dès long-temps à courir l'aiguillette ;
Qui soit vive et ardente au combat amoureux,
Et pour un coup reçu qui vous en rende deux.
La grandeur en amour est chose insupportable :
Et qui sert hautement est toujours misérable :
Il n'est que d'être libre, et en deniers comptants
Dans le marché d'amour acheter du bon temps ;
Et pour le prix commun choisir sa marchandise ;
Ou si l'on n'en veut prendre, au moins on en de-
    vise :
L'on tâte, l'on manie; et, sans dire combien,
On se peut retirer, l'objet n'en coûte rien.
Au savoureux trafic de cette mercerie
J'ai consumé les jours les plus beaux de ma vie.
C'est pourquoi tout-à-coup je me suis retiré,
Voulant dorénavant demeurer assûré ;
Et, comme un marinier échappé de l'orage,
Du havre sûrement contempler le naufrage.

Mais aussi, Forquevaus, comme il est mal-aisé
Que notre esprit ne soit quelquefois abusé
Des appas enchanteurs de cet enfant volage,
Il faut un peut baisser le cou sous le servage,
Et donner quelque place aux plaisirs savoureux :
Car c'est honte de vivre et de n'être amoureux.
Mais il faut, en aimant, s'aider de la finesse,
Et savoir rechercher une simple maîtresse,
Qui, sans vous asservir, vous laisse en liberté,
Et joigne le plaisir avec la sûreté ;
Qui ne sache que c'est que d'être courtisée ;
Qui n'ait de mainte amour la poitrine embrasée ;
Qui soit douce et nicette ; et qui ne sache pas,
Apprentive au métier, que valent les appas.
Que son œil et cœur parlent de même sorte ;
Qu'aucune affection hors de soi ne l'emporte ;
Bref, qui soit tout à nous, tant que la passion
Entretiendra nos sens en cette affection.
Si parfois son esprit, ou le nôtre, se lasse,
Pour moi, je suis d'avis que l'on change de place.
C'est le change qui rend l'homme plus vigoureux
Et qui jusqu'au tombeau le fait être amoureux.
Nature se maintient pour être variable,
Et pour changer souvent son état est durable :
Aussi l'affection dure éternellement,
Pourvu, sans se lasser, qu'on change à tout mo-
      ment.
De la fin d'une amour l'autre naît plus parfaite,
Comme on voit un grand feu naître d'une bluette.

ÉPITRE III.

Perclus d'une jambe et des bras,
Tout de mon long entre deux draps,
Il ne me reste que la langue
Pour vous faire cette harangue.
Vous savez que j'ai pension,
Et que l'on a prétention,
Soit par sottise, ou par malice,
Embarrassant le bénéfice,
Me rendre en me torchant le bec,
Le ventre creux comme un rebec.
On m'en baille en discours de belles ;
Mais de l'argent point de nouvelles.
Encore, au lieu de payement,
On parle d'un retranchement,
Me faisant au nez grise mine :
Que l'abbaye est en ruine,
Et ne vaut pas, beaucoup s'en faut,
Les deux mille francs qu'il me faut.
Si bien que je juge, à son dire,
Malgré le feu roi notre sire,
Qu'il desireroit volontiers
Lâchement me réduire au tiers.
Je laisse à part ce fâcheux conte :

Au printemps que la bile monte
Par les veines dans le cerveau,
Et que l'on sent au renouveau
Son esprit fécond en sornettes,
Il fait mauvais se prendre aux poëtes.
Toutefois je suis de ces gens
De toutes choses négligents,
Qui, vivant au jour la journée,
Ne contrôlent leur destinée;
Oubliant pour se mettre en paix,
Les injures et les bienfaits,
Et s'arment de philosophie.
Il est pourtant fou qui s'y fie.
J'écris, je lis, je mange et boi,
Plus heuseux cent fois que le roi
(Je ne dis pas le roi de France),
Si je n'étois court de finance.

POÉSIES DIVERSES.

ÉLÉGIE ZÉLOTYPIQUE (1).

Bien que je sache au vrai tes façons et tes ruses,
J'ai tant et si long-temps excusé tes excuses ;
Moi-même je me suis mille fois démenti,
Estimant que ton cœur, par douceur diverti,
Tiendroit ses lâchetés à quelque conscience :
Mais enfin ton humeur force ma patience.
J'accuse ma foiblesse ; et, sage à mes dépens,
Si je t'aimai jadis, ores je m'en repens ;
Et brisant tous ces nœuds dont j'ai tant fait de
          compte,
Ce qui me fut honneur m'est ores une honte.
Pensant m'ôter l'esprit, l'esprit tu m'as rendu ;
J'ai regagné sur moi ce que j'avois perdu.
Je tire un double gain d'un si petit dommage ;
Si ce n'est que trop tard je suis devenu sage.
Toutefois le bonheur doit nous rendre contents ;

---

(1) Cette élégie et la suivante sont imitées d'Ovide,
Am. 1. III, Eleg. 2 et 3. Elles contiennent les plaintes
et les reproches d'un amant jaloux ; c'est ce que signifie
zélotypique.

Et pourvu qu'il nous vienne, il vient toujours à
    temps.

J'ai donc lu d'autre main ses lettres contrefaites!
J'ai donc su ses façons, reconnu ses défaites,
Et comment elle endort de douceur sa maison ,
Et trouve à s'excuser quelque fausse raison !
Un procès, un accord, quelque achat, quelques
    ventes,
Visites de cousins, de frères et de tantes ;
Pendant qu'en autre lieu, sans femmes et sans
    bruit,
Sous prétexte d'affaire elle passe la nuit.
Et cependant, aveugle en ma peine enflammée ,
Ayant su tout ceci, je l'ai toujours aimée.
Pauvre sot que se suis ! Ne devois-je à l'instant
Laisser là cette ingrate, et son cœur inconstant ?
    Encor seroit-ce peu, si, d'amour emportée ,
Je n'avois à son teint et sa mine affectée
Lu de sa passion les signes évidents
Que l'amour imprimoit en ses yeux trop ardents.
Mais qu'est-il de besoin d'en dire davantage ?
Irai-je rafraîchir sa honte et mon dommage ?
A quoi de ses discours dirai-je le défaut ;
Comme, pour me piper, elle parle un peu haut ;
Et comme bassement, à secrettes volées,
Elle ouvre de son cœur les flammes recélées ;
Puis sa voix rehaussant en quelques mots joyeux,
Elle pense charmer les jaloux curieux ;

Fait un conte du roi, de la reine, et du Louvre,
Quand, malgré que j'en aie, amour me le dé-
    couvre,
Me déchiffre aussitôt son discours indiscret
(Hélas! rien aux jaloux ne peut être secret);
Me fait voir de ses traits l'amoureux artifice,
Et qu'aux soupçons d'amour trop simple est sa
    malice;
Ces heurtements de pied en feignant de s'asseoir;
Faire sentir ses gants, ses cheveux, son mouchoir;
Ces rencontres de mains, et mille autres caresses
Qu'usent à leurs amants les plus douces maî-
    tresses,
Que je tais par honneur, craignant qu'avec le sien,
En un discours plus grand, j'engageasse le mien?
    Cherche donc quelque sot au tourment insen-
    sible,
Qui souffre ce qu'il m'est de souffrir impossible;
Car pour moi j'en suis las, ingrate, et je ne puis
Durer plus longuement en la peine où je suis.
    Vous autres que j'emploie à l'épier sans cesse,
Au logis, en visite, au sermon, à la messe,
Connoissant que je suis amoureux et jaloux,
Pour flatter ma douleur, que ne me mentez-vous?
Ha! pourquoi m'êtes-vous à mon dam si fidèles?
Le porteur est fâcheux de fâcheuses nouvelles.
Déférez à l'ardeur de mon mal furieux;
Feignez de n'en rien voir, et vous fermez les yeux.

Si dans quelque maison sans femme elle s'arrête ;
S'on lui fait au palais quelque signe de tête,
S'elle rit à quelqu'un, s'elle appelle un valet,
S'elle baille en cachette ou reçoit un poulet,
Si dans quelque recoin quelque vieille inconnue,
Marmotant un Pater, lui parle et la salue ;
Déguisez-en le fait ; parlez-m'en autrement,
Trompant ma jalousie et votre jugement.
Dites-moi qu'elle est chaste, et qu'elle en a la
     gloire ;
Car, bien qu'il ne soit vrai, si ne le puis-je croire.
Surmontons par mépris ce desir indiscret :
Au moins, s'il ne se peut, l'aimerai-je à regret.
Le bœuf n'aime le joug que toutefois il traîne.
Et mêlant sagement mon amour à la haine,
Donnons-lui ce que peut ou que doit recevoir
Son mérite, égalé justement au devoir.

    C'en est fait pour jamais la chance en est jetée.
D'un feu si violent mon ame est agitée,
Qu'il faut bon-gré, mal-gré, laisser faire au destin.
Heureux si par la mort j'en puis être à la fin,
Et si je puis, mourant en cette frénésie,
Voir mourir mon amour avec ma jalousie !
    Mais, dieu ! que me sert-il de pleurs me con-
     sommer,
Si la rigueur du ciel me contraint de l'aimer ?
Où le ciel nous incline à quoi sert la menace ?
Sa beauté me rappelle où son défaut me chasse :

Aimant et dédaignant, par contraires efforts,
Les façons de l'esprit et les beautés du corps.
Ainsi je ne puis vivre avec elle, et sans elle.
Ha dieu ! que fusses-tu ou plus chaste, ou moins
     belle !
Ou pusses-tu connoître et voir, par mon trépas,
Qu'avecque ta beauté mon humeur ne sied pas !
Mais si ta passion est si forte et si vive,
Que des plaisirs des sens ta raison soit captive,
Que ton esprit blessé ne soit maître de soi,
Je n'entends en cela te prescrire une loi ;
Te pardonnant par moi cette fureur extrême,
Ainsi comme par toi je l'excuse en moi-même :
Car nous sommes tous deux, en notre passion,
Plus dignes de pitié que de punition.
Encore, en ce malheur où tu te précipites,
Dois-tu par quelque soin t'obliger tes mérites,
Connoître ta beauté, et qu'il te faut avoir,
Avecque ton amour, égard à ton devoir.
Mais, sans discrétion, tu vas à guerre ouverte ;
Et, par sa vanité triomphant de ta perte,
Il montre tes faveurs, tout haut il en discourt ;
Et ta honte et sa gloire entretiennent la cour.
Cependant, me jurant, tu m'en dis des injures.
O dieux, qui sans pitié punissez les parjures,
Pardonnez a ma dame, ou, changeant vos effets,
Vengez plutôt sur moi les péchés qu'elle a faits !
  S'il est vrai, sans faveur, que tu l'écoutes
     plaindre,

D'où vient pour son respect que l'on te voit con-
  traindre ;
Que tu permets aux siens lire en tes passions ,
De veiller jour et nuit dessus tes actions ;
Que toujours d'un valet ta carrosse est suivie ,
Qui rend, comme espion, compte exact de ta vie ;
Que tu laisse un chacun pour plaire à ses soup-
  çons ;
Et que , parlant de Dieu , tu nous fais des leçons,
Nouvelle Magdelaine au désert convertie ;
Et jurant que ta flamme est du tout amortie ,
Tu prétends finement, par cette mauvaitié,
Lui donner plus d'amour, à moi plus d'amitié ;
Et , me cuidant tromper , tu voudrois faire ac-
  croire ,
Avecque faux serments , que la neige fût noire ?
Mais, comme tes propos, ton art est découvert ,
Et chacun , en riant , en parle à cœur ouvert ,
Dont je crève de rage ; et voyant qu'on te blâme ,
Trop sensible en ton mal, de regret je me pâme ;
Je me ronge le cœur , je n'ai point de repos ;
Et voudrois être sourd, pour l'être à ces propos.
Je me hais de te voir ainsi mésestimée.
T'aimant si dignement, j'aime ta renommée ;
Et si je suis jaloux, je le suis seulement
De ton honneur, et non de ton contentement.
Fais tout ce que tu fais, et plus s'il se peut faire ;
Mais choisis pour le moins ceux qui se peuvent
  taire,

Quel besoin peut-il être, insensée en amour,
Ce que tu fais la nuit, qu'on le chante le jour.
Ce que fait un tout seul, tout un chacun le sache ;
Et montres en amour ce que le monde cache ?

    Mais puisque le destin à toi m'a su lier,
Et qu'oubliant ton mal je ne puis t'oublier,
Par ces plaisirs d'amour tout confits en délices ;
Par tes appas, jadis à mes vœux si propices ;
Par ces pleurs que mes yeux et les tiens ont versés ;
Par mes soupirs au vent sans profit dispersés ;
Pardonne, par mes pleurs, au feu qui me com-
    mande.
Si mon péché fut grand, ma repentance est
    grande.
Et vois, dans le regret dont je suis consommé,
Que j'eusse moins failli si j'eusse moins aimé.

ELEGIE

SUR LE MÊME SUJET.

Aimant comme j'aimois, que ne devois-je crain-
    dre ?
Pouvois-je être assûré qu'elle se dût contraindre,
Et que, changeant d'humeur au vent qui l'em-
    portoit,
Elle eût pour moi cessé d'être ce qu'elle étoit ;
Que, laissant d'être femme, inconstante et légère,

Son cœur, traître à l'amour, et sa foi mensongère,
Se rendant en un lieu l'esprit plus arrêté,
Pût, au lieu de mensonge, aimer la vérité?

Non, je croyois tout d'elle, il faut que je le die;
Et tout m'étoit suspect hormis la perfidie.
Je craignois tous ses traits que j'ai su du depuis,
Ses jours de mal de tête, et ses secrètes nuits,
Quand, se disant malade et de fièvre enflammée,
Pour moi tant seulement sa porte étoit fermée.
Je craignois ses attraits, ses ris, et ses courroux,
Et tout ce dont Amour alarme les jaloux.

Mais la voyant jurer avec tant d'assurance,
Je l'avoue, il est vrai, j'étois sans défiance.
Aussi, qui pourroit croire, après tant de serments,
De larmes, de soupirs, de propos véhéments,
Dont elle me juroit que jamais de sa vie
Elle ne permettroit d'un autre être servie;
Qu'elle aimoit trop ma peine, et qu'en ayant pitié,
Je m'en devois promettre une ferme amitié;
Seulement, pour tromper le jaloux populaire,
Que je devois, constant, en mes douleurs me taire,
Me feindre toujours libre, ou bien me captiver;
Et, quelque autre perdant, seule la conserver?

Cependant, devant Dieu, dont elle a tant de
crainte,
Au moins comme elle dit, sa parole étoit feinte;
Et le ciel lui servit, en cette trahison,
D'infidèle moyen pour tromper ma raison.

Et puis il est des dieux témoins de nos paroles !
Non, non, il n'en est point : ce sont contes frivoles
Dont se repaît le peuple, et dont l'antiquité
Se servit pour tromper notre imbécillité.
S'il y avoit des dieux, ils se vengeroient d'elle,
Et ne la verroit-on si fière ni si belle ;
Ses yeux s'obscurciroient, qu'elle a tant parjurés ;
Son teint seroit moins clair, ses cheveux moins
      dorés ;
Et le ciel, pour l'induire à quelque pénitence,
Marqueroit sur son front son crime et leur ven-
      geance.
Ou s'il y a des dieux, ils ont le cœur de chair ;
Ainsi que nous d'amour ils se laissent toucher ;
Et de ce sexe ingrat excusant la malice,
Pour une belle femme ils n'ont point de justice.

ELÉGIE (1).

IMPUISSANCE.

Quoi ! ne l'avois-je assez en mes vœux desirée ?
N'étoit-elle assez belle, ou assez bien parée ?
Étoit-elle à mes yeux sans grace et sans appas ?
Son sang étoit-il point issu d'un lieu trop bas ?

(1) Cette pièce est imitée de l'élégie 7 du livre III
des Amours d'Ovide.

Sa race, sa maison, n'étoit-elle estimée?
Ne valoit-elle point la peine d'être aimée?
Inhabile au plaisir, n'avoit-elle de quoi?
Etoit-elle trop laide ou trop belle pour moi?
Ha! cruel souvenir! Cependant je l'ai eue,
Impuissant que je suis, en mes bras toute nue,
Et n'ai pu, le voulant tous deux également,
Contenter nos desirs en ce contentement!
Au surplus, à ma honte, Amour, que te dirai-je!
Elle mit en mon cou ses bras plus blancs que neige,
Et sa langue mon cœur par ma bouche embrasa;
Bref, tout ce qu'ose Amour, ma déesse l'osa;
Me suggérant la manne en sa lèvre amassée,
Sa cuisse se tenoit en la mienne enlacée;
Les yeux lui pétilloient d'un desir langoureux,
Et son ame exhaloit maint soupir amoureux;
Sa langue, en bégayant d'une façon mignarde,
Me disoit: Mais, mon cœur, qu'est-ce qui vous
        retarde?
N'aurois-je point en moi quelque chose qui pût
Offenser vos desirs, ou bien qui vous déplût!
Ma grace, ma façon, ha dieu! ne vous plaît-elle?
Quoi! n'ai-je assez d'amour? ou ne suis-je assez
        belle?
Cependant, de la main animant ses discours,
Je trompois, impuissant, sa flamme et mes amours;
Et comme un tronc de bois, charge lourde et pe-
        sante,

Je n'avois rien en moi de personne vivante.
Mes membres languissants, perclus et refroidis,
Par ses attouchements n'étoient moins engourdis.
Mais quoi! que deviendrai-je en l'extrême vieil-
     lesse.
Puisque je suis rétif au fort de ma jeunesse,
Et si, las! je ne puis, et jeune et vigoureux,
Savourer la douceur du plaisir amoureux?
Ha! j'en rougis de honte, et dépite mon âge,
Age de peu de force et de peu de courage,
Qui ne me permet pas, en cet accouplement,
Donner ce qu'en amour peut donner un amant.
Car, Dieux! cette beauté, par mon défaut trompée,
Se leva le matin de ses larmes trempée,
Que l'amour de dépit écouloit par ses yeux:
Ressemblant à l'Aurore, alors qu'ouvrant les cieux
Elle sort de son lit hargneuse et dépitée
D'avoir, sans un baiser, consommé la nuitée,
Quand, baignant tendrement la terre de ses pleurs,
De chagrin et d'amour elle en jette ses fleurs.
    Pour flatter mon défaut, mais que me sert la
     gloire
De mon amour passée, inutile mémoire!
Quand aimant ardemment, et ardemment aimé,
Tant plus je combattois, plus j'étois animé:
Guerrier infatigable en ce doux exercice,
Par dix ou douze fois je rentrois en la lice,
Où, vaillant et adroit, après avoir brisé,

Des chevaliers d'amour j'étois le plus prisé.
Mais de cet accident je fais un mauvais conte,
Si mon honneur passé m'est ores une honte.
　　Or quand je pense, ô dieux! quel bien m'est
　　　　advenu,
Avoir vu dans un lit ses beaux membres à nu,
La tenir languissante entre mes bras couchée,
De même affection la voir être touchée,
Me baiser haletant d'amour et de desir,
Par ses chatouillements réveiller le plaisir.
Je l'avois cependant vive d'amour extrême;
Mais si je l'eus ainsi, elle ne m'eut de même:
O malheur! et de moi elle n'eut seulement
Que des baisers d'un frère, et non pas d'un amant.
En vain cent et cent fois je m'efforce à lui plaire,
Non plus qu'à mon desir je n'y puis satisfaire;
Et la honte pour lors, qui me saisit le cœur,
Pour m'achever de peindre éteignit ma vigueur.
　　Comme elle reconnut, femme mal satisfaite,
Qu'elle perdoit son temps, du lit elle se jette,
Prend sa juppe, se lace; et puis, en se moquant,
D'un ris et de ces mots elle m'alla piquant:
Non, si j'étois lascive, ou d'amour occupée,
Je me pourrois fâcher d'avoir été trompée;
Mais puisque mon desir n'est si vif, ni si chaud,
Mon tiède naturel m'oblige à ton défaut.
Mon amour satisfaite aime ton impuissance,
Et tire de ta faute assez de récompense,

Qui toujours dilayant m'a fait, par le desir,
Ébattre plus long-temps à l'ombre du plaisir.

Mais étant la douceur par l'effort divertie,
La fureur à la fin rompit sa modestie,
Et dit en éclatant : Pourquoi me trompes-tu ?
Ton impudence à tort a vanté ta vertu,
Si en d'autres amours ta vigueur s'est usée.
Quel honneur reçois-tu de m'avoir abusée ?

Assez d'autres propos le dépit lui dictoit.
Le feu de son dédain par sa bouche sortoit.
Enfin, voulant cacher ma honte et sa colère,
Elle couvrit son front d'une meilleure chère ;
Se conseille au miroir ; ses femmes appela ;
Et, se lavant les mains, le fait dissimula.

ELEGIE (1).

L'homme s'oppose en vain contre la destinée.
Tel a dompté sur mer la tempête obstinée,
Qui, déçu dans le port, éprouve en un instant
Des accidents humains le revers inconstant,
Qui le jette au danger, lorsque moins il y pense.
Ores à mes dépens j'en fais l'expérience,
Moi qui, tremblant encor du naufrage passé,
Du bris de mon navire au rivage amassé

---

(1) Cette élégie fut composée pour Henri IV.

Bâtissois un autel aux dieux légers des ondes ;
Jurant même la mer et ses vagues profondes,
Instruit à mes dépens, et prudent au danger,
Que je me garderois de croire de léger ;
Sachant qu'injustement il se plaint de l'orage,
Qui remontant sur mer fait un second naufrage.
   Cependant ai-je à peine essuyé mes cheveux,
Et payé dans le port l'offrande de mes vœux,
Que d'un nouveau desir le courant me transporte,
Et n'ai pour l'arrêter la raison assez forte.
Par un destin secret mon cœur s'y voit contraint,
Et par un si doux nœud si doucement étreint,
Que me trouvant épris d'une ardeur si parfaite,
Trop heureux en mon mal je bénis ma défaite ;
Et me sens glorieux, en un si beau tourment,
De voir que ma grandeur serve si dignement.
Changement bien étrange en une amour si belle !
Moi, qui rangeois au joug la terre universelle,
Dont le nom glorieux aux astres élevé,
Dans le cœur des mortels par vertu s'est gravé ;
Qui fis de ma valeur le hasard tributaire ;
A qui rien, fors l'Amour, ne put être contraire ;
Qui commande par-tout, indomptable en pou-
     voir ;
Qui sait donner des lois, et non les recevoir :
Je me vois prisonnier aux fers d'un jeune maître,
Où je languis esclave, et fais gloire de l'être ;
Et sont à le servir tous mes vœux obligés.

Mes palmes, mes lauriers en myrtes sont changés.

Belle et sainte planète, astre de ma naissance,

Mon bonheur plus parfait, mon heureuse influence,

Dont la douceur préside aux douces passions,

Vénus, prenez pitié de mes affections;

Soyez-moi favorable, et faites à cette heure,

Plutôt que découvrir mon amour, que je meure,

Et que ma fin témoigne, en mon tourment secret,

Qu'il ne vécut jamais un amant si discret;

Et qu'amoureux constant en un si beau martyre,

Mon trépas seulement mon amour puisse dire.

Ha! que la passion me fait bien discourir!

Non, non, un mal qui plaît ne fait jamais mourir.

Dieux! que puis-je donc faire au mal qui me
  tourmente?

La patience est foible, et l'amour violente;

Et me voulant contraindre en si grande rigueur,

Ma plainte se dérobe, et m'échappe du cœur.

Semblable à cet enfant que la mère en colère,

Après un châtiment veut forcer à se taire:

Il s'efforce de crainte à ne point soupirer;

A grand peine ose-t-il son haleine tirer;

Mais nonobstant l'effort, dolent en son courage,

Les sanglots à la fin débouchent le passage;

S'abandonnant aux cris, ses yeux fondent en
  pleurs,

Et faut que son respect défère à ses douleurs.

De même je m'efforce au tourment qui me tue :
En vain de le cacher mon respect s'évertue.
   Donc, beauté plus qu'humaine, objet de mes
     plaisirs,
Delices de mes yeux et de tous mes desirs,
Qui régnez sur les cœurs d'une contrainte ai-
     mable,
Pardonnez à mon mal, hélas ! trop véritable ;
Ne vous offensez point de mes justes clameurs,
Et si, mourant d'amour, je vous dis que je meurs.

STANCES.

En quel obscur séjour le ciel m'a-t-il réduit ?
Mes beaux jours sont voilés d'une effroyable nuit ;
Et dans un même instant, comme l'herbe fauchée,
    Ma jeunesse est séchée.

Mes discours sont changés en funèbres regrets
Et mon ame d'ennuis est si fort éperdue,
Qu'ayant perdu ma dame en ces tristes forêts,
Je crie, et ne sais point ce qu'elle est devenue.

Je vois bien en ce lieu, triste et désespéré,
Du naufrage d'amour ce qui m'est demeuré :
Et bien que loin d'ici le Destin l'ait guidée,
    Je m'en forme l'idée.

Je vois dedans ces fleurs les trésors de son teint,

La fierté de son ame en la mer toute émue :
Tout ce qu'on voit ici vivement me la peint ;
Mais il ne me peint pas ce qu'elle est devenue.

Las ! voici bien l'endroit où premier je la vi,
Où mon cœur, de ses yeux si doucement ravi,
Rejetant tout respect, découvrit à la belle
      Son amitié fidelle.

Je revois bien le lieu, mais je ne revois pas
La reine de mon cœur, qu'en ce lieu j'ai perdue :
O bois ! ô prés ! ô monts ! ses fidèles ébats,
Hélas ! répondez-moi, qu'est-elle devenue ?

Durant que son bel œil ces lieux embellissoit,
L'agréable printemps sous ses pieds florissoit,
Tout rioit auprès d'elle ; et la terre parée
      Etoit enamourée

O bois ! ô prés ! ô monts ! ô vous qui la cachez,
Et qui, contre mon gré, l'avez tant retenue,
Si jamais de pitié vous vous vîtes touchés,
Hélas ! répondez-moi, qu'est-elle devenue ?

Fut-il jamais mortel si malheureux que moi ?
Je lis mon infortune en tout ce que je voi ;
Tout figure ma perte ; et le ciel et la terre
      A l'envi me font guerre.

10.

Le regret du passé cruellement me point ;
Et rend l'objet présent ma douleur plus aiguë.
Mais, las ! mon plus grand mal est de ne savoir
        point,
Entre tant de malheurs, ce qu'elle est devenue.

Ainsi de toutes parts je me sens assaillir ;
Et voyant que l'espoir commence à me faillir,
Ma douleur se rengrege, et mon cruel martyre
        S'augmente, et devient pire.

Et si quelque plaisir s'offre devant mes yeux,
Qui pense consoler ma raison abattue,
Il m'afflige ; et le ciel me seroit odieux
Si là-haut j'ignorois ce qu'elle est devenue.

Plaisirs si-tôt perdus, hélas ! où êtes-vous ?
Et vous, chers entretiens, qui me sembliez si
        doux,
Où êtes-vous allés ? hé ! où s'est retirée
        Ma belle Cythérée ?

Ha ! triste souvenir d'un bien si tôt passe !
Las ! pourquoi ne la vois-je ? ou pourquoi l'ai-je
        vue ?
Ou pourquoi mon esprit, d'angoisses oppressé,
Ne peut-il découvrir ce qu'elle est devenue ?

En vain, hélas ! en vain la va-tu dépeignant,

Pour flatter ma douleur, si le regret poignant
De m'en voir séparé d'autant plus me tourmente,
    Qu'on me la représente.

Seulement au sommeil j'ai du contentement,
Qui la fait voir présente à mes yeux toute nue,
Et chatouille mon mal d'un faux ressentiment ;
Mais il ne me dit pas ce qu'elle est devenue.

Il la faut oublier !... ha dieux ! je ne le puis.
L'oubli n'efface point les amoureux ennuis
Que ce cruel tyran a gravés dans mon ame
    En des lettres de flamme.

Il me faut par la mort finir tant de douleurs.
Ayons donc à ce point l'ame bien résolue ;
Et finissant nos jours, finissons nos malheurs,
Puisqu'on ne peut savoir ce qu'elle est devenue.

Adieu donc, clairs soleils, si divins et si beaux ;
Adieu l'honneur sacré des forêts et des eaux ;
Adieu monts, adieu prés, adieu campagne verte,
    De vos beautés déserte.

Las ! recevez mon ame en ce dernier adieu.
Puisque de mon malheur ma fortune est vaincue
Misérable amoureux, je vais quitter ce lieu,
Pour savoir aux enfers ce qu'elle est devenue.

Ainsi dit Amiante , alors que de sa voix
Il entama les cœurs des rochers et des bois ,
Pleurant et soupirant la perte d'Yacée ,
　　　　L'objet de sa pensée.

Afin de la trouver , il s'encourt au trépas.
Et comme sa vigueur peu-à-peu diminue ,
Son ombre pleure , crie , en descendant là-bas :
Esprits , hé ! dites-moi , qu'est-elle devenue ?

STANCES

CONTRE UN AMOUREUX TRANSI.

Pourquoi perdez-vous la parole
Aussitôt que vous rencontrez
Celle que vous idolâtrez ,
Devenant vous-même une idole ?
Vous êtes là sans dire mot ,
Et ne faites rien que le sot.

Pensez-vous la rendre abattue
Sans votre fait lui déceler ?
Faire les doux yeux sans parler ,
C'est faire l'amour en tortue.
La belle fait bien de garder
Ce qui vaut bien le demander.

L'effort fait plus que le mérite :

Car, pour trop mériter un bien,
Le plus souvent on n'en a rien ;
·Et, dans l'amoureuse poursuite,
Quelquefois l'importunité
Fait plus que la capacité.

En discourant à sa maîtresse,
Que ne promet l'amant subtil ?
Car chacun, tant pauvre soit-il,
Peut être riche de promesse.
Les grands, les vignes, les amants,
Trompent toujours de leurs serments.

Votre belle, qui n'est pas lourde,
Rit de ce que vous en croyez.
Qui vous voit, pense que soyez
Ou vous muet, ou elle sourde.
Parlez, elle vous oira bien ;
Mais elle attend, et n'entend rien.

Elle attend, d'un desir de femme,
D'ouïr de vous quelques beaux mots.
Mais s'il est vrai qu'à nos propos
On reconnoît quelle est notre ame,
Elle vous croit, à cette fois,
Manquer d'esprit comme de voix.

Qu'un honteux respect ne vous touche :

Fortune aime un audacieux.
Pensez, voyant Amour sans yeux,
Mais non pas sans mains, ni sans bouche,
Qu'après ceux qui font des présents
L'Amour est pour les bien-disants.

DIALOGUE.

CLORIS ET PHILIS.

CLORIS.

PHILIS, œil de mon cœur, et moitié de moi-
   même,
Mon amour, qui te rend le visage si blême ?
Quels sanglots, quels soupirs, quelles nouvelles
   pleurs,
Noyent de tes beautés les graces et les fleurs ?

PHILIS.

Ma douleur est si grande, et si grand mon martyre,
Qu'il ne se peut, Cloris, ni comprendre ni dire.

CLORIS.

Ces maintiens égarés, ces pensers éperdus,
Ces regrets et ces cris par ces bois épandus,
Ces regards languissants en leurs flammes dis-
   crettes,
Me sont de ton amour les paroles secrettes.

PHILIS.

Ha dieu! qu'un divers mal diversement me point!

J'aime : hélas ! non, Cloris ; non, non, je n'aime
    point.

CLORIS.

La honte ainsi dément ce que l'amour décèle ;
La flamme de ton cœur par tes yeux étincelle ;
Et ton silence même, en ce profond malheur,
N'est que trop éloquent à dire ta douleur.
Tout parle en ton visage; et, te voulant con-
    traindre,
L'Amour vient, malgré toi, sur ta lèvre se plain-
    dre.
Pourquoi veux-tu, Philis, aimant comme tu fais,
Que l'Amour se démente en ses propres effets ?
N'en fais donc point la fine, et vainement ne cache
Ce qu'il faut malgré toi que tout le monde sache,
Puisque le feu d'amour, dont tu veux triompher,
Se montre d'autant plus qu'on le pense étouffer.
L'Amour est un enfant, nu, sans fard et sans
    crainte,
Qui se plaît qu'on le voie, et qui fuit la contrainte.
Force donc tout respect, ma chère fille, et croi
Que chacun est sujet à l'amour comme toi.
En jeunesse j'aimai ; ta mère fit de même ;
Lycandre aima Lysis, et Félisque Phylème :
Encore oit-on l'écho redire leurs chansons,
Et leurs noms sur ces bois gravés en cent façons.
Même que penses-tu ? Bérénice la belle,
Qui semble contre Amour si fière et si cruelle ?

Me dit tout franchement en pleurant, l'autre jour,
Qu'elle étoit sans amant, mais non pas sans amour.
Telle encor qu'on me voit, j'aime de telle sorte,
Que l'effet en est vif, si la cause en est morte.

PHILIS.

Ha! n'en dis davantage, et, de grace, ne rends
Mes maux plus douloureux, ni mes ennuis plus
    grands.

CLORIS.

D'où te vient le regret dont ton ame est saisie?
Est-ce infidélité, mépris, ou jalousie?

PHILIS.

Ce n'est ni l'un ni l'autre; et mon mal rigoureux
Excède doublement le tourment amoureux.

CLORIS.

Mais ne peut-on savoir le mal qui te possède?

PHILIS.

A quoi serviroit-il, puisqu'il est sans remède?

CLORIS.

Volontiers les ennuis s'allègent aux discours.

PHILIS.

Las! je ne veux aux miens ni pitié, ni secours.

CLORIS.

La douleur que l'on cache est la plus inhumaine.

PHILIS.

Qui meurt en se taisant semble mourir sans peine.

CLORIS.

Peut-être en la disant te pourrai-je guérir.

PHILIS.

Tout remède est fâcheux alors qu'on veut mourir.

CLORIS.

Je crois lire en tes yeux quelle est ta maladie.

PHILIS.

Si tu la vois, pourquoi veux-tu que je la die?
Aurai-je assez d'audace à dire ma langueur?
Ha! perdons le respect où j'ai perdu le cœur.
J'aime, j'aime, Cloris; et cet enfant d'Éryce,
Qui croit que c'est pour moi trop peu que d'un
        supplice,
De deux traits qu'il tira des yeux de deux amants,
Cause en moi ces douleurs et ces gémissements:
Chose encore inouie, et toutefois non feinte,
Et dont jamais bergère à ces bois ne s'est plainte!

CLORIS.

Seroit-il bien possible?

PHILIS.

          A mon dam tu le vois.

CLORIS.

Comment! qu'on puisse aimer deux hommes à-
    la-fois!

PHILIS.

Mon malheur en ceci n'est que trop véritable;
Mais, las! il est bien grand, puisqu'il n'est pas
    croyable.

CLORIS.

Qui sont ces deux bergers dont ton cœur est
    époint?

PHILIS.

Amynte et Philémon : ne les connois-tu point?

CLORIS.

Ceux qui furent blessés lorsque tu fus ravie?

PHILIS.

Oui, ces deux dont je tiens et l'honneur et la vie.

CLORIS.

J'en sais tout le discours; mais dis-moi seulement
Comme Amour, par leurs yeux, charma ton jugement.

PHILIS.

Amour, tout dépité de n'avoir point de flèche
Assez forte pour faire en mon cœur une brèche,
Voulant qu'il ne fût rien dont il ne fût vainqueur,
Fit par les coups d'autrui cette plaie en mon cœur:
Quand ces bergers, navrés, sans vigueur, et sans
armes,
Tout moites de leur sang, comme moi de mes
larmes,
Près du Satire mort, et de moi, que l'ennui
Rendoit en apparence aussi morte que lui,
Firent voir à mes yeux, d'une piteuse sorte,
Qu'autant que leur amour leur valeur étoit forte.
Ce traître, tout couvert de sang et de pitié,
Entra dedans mon cœur sous couleur d'amitié,
Et n'y fut pas plutôt, que, morte, froide, et
blême,
Je cessai, tout en pleurs, d'être plus à moi-même.

J'oubliai père et mère, et troupeau, et maison.
Mille nouveaux desirs saisirent ma raison.
J'errois deçà, delà, furieuse, insensée,
De pensers en pensers s'égara ma pensée;
Et comme la fureur étoit plus douce en moi,
Réformant mes façons, je leur donnois la loi.
J'accommodois ma grace, agençois mon visage;
Un jaloux soin de plaire excitoit mon courage;
J'allois plus retenue, et composois mes pas;
J'apprenois à mes yeux à former des appas;
Je voulois sembler belle, et m'efforçois à faire
Un visage qui pût également leur plaire:
Et lorsqu'ils me voyoient par hasard tant soit peu,
Je frissonnois de peur, craignant qu'ils eussent
   veu
(Tant j'étois en amour innocemment coupable)
Quelque façon en moi qui ne fût agréable.
Ainsi, toujours en transe en ce nouveau souci,
Je disois à part moi: Las! mon dieu! qu'est ceci?
Quel soin, qui de mon cœur s'étant rendu le
   maître,
Fait que je ne suis plus ce que je soulois être?
Mais, las! en peu de temps je connus mon erreur.
Tardive connoissance à si prompte fureur!
J'aperçus, mais trop tard, mon amour véhémente.
Les connoissant amants, je me connus amante.
Depuis, de mes deux yeux le sommeil se bannit,
La douleur de mon cœur mon visage fannit.

Du soleil, à regret, la lumière m'éclaire,
Et rien que ces bergers au cœur ne me peut plaire.
Nos champs ne sont plus beaux; ces prés ne sont
      plus verts;
Ces arbres ne sont plus de feuillages couverts;
Ces ruisseaux sont troublés des larmes que je
      verse;
Ces fleurs n'ont plus d'émail en leur couleur di-
      verse;
Leurs attraits si plaisants sont changés en hor-
      reur;
Et tous ces lieux maudits n'inspirent que fureur.
Ici, comme autrefois, ces pâtis ne fleurissent;
Comme moi, de mon mal, mes troupeaux s'amai-
      grissent;
Et mon chien, m'aboyant, semble me reprocher
Que j'ai ore à mépris ce qui me fut si cher.

CLORIS.

Brûlent-ils comme toi d'amour démesurée?

PHILIS.

Je ne sais; toutefois j'en pense être assûrée.

CLORIS.

L'amour se persuade assez légèrement.

PHILIS.

Mais ce que l'on desire on le croit aisément.

CLORIS.

Le bon amour pourtant n'est point sans défiance.

PHILIS.

Je te dirai sur quoi j'ai fondé ma croyance.

Un jour, comme il advint qu'Amynte étant blessé,
Et qu'étant de sa plaie et d'amour oppressé,
Ne pouvant clore l'œil, éveillé du martyre,
Se plaignoit en pleurant d'un mal qu'il n'osoit
        dire,
Je me mis à chanter; et le voyant gémir,
En chantant, j'invitois ses beaux yeux à dormir ;
Quand lui, tout languissant, tournant vers moi
        sa tête,
Qui sembloit un beau lys battu par la tempête,
Me lançant un regard qui le cœur me fendit,
D'une voix rauque et casse ainsi me répondit:
Philis, comme veux-tu qu'absent de toi je vive;
Ou bien qu'en te voyant mon ame, ta captive,
Trouve, pour endormir son tourment furieux
Une nuit de repos au jour de tes beaux yeux ?
Alors toute surprise en si prompte nouvelle,
Je m'enfuis de vergogne où Philémon m'appelle,
Qui, navré, comme lui, de pareils accidents,
Languissoit en ses maux trop vifs et trop ardents.
Moi, qu'un devoir égal à même soin invite,
Je m'approche de lui, ses plaies je visite ;
Mais, las ! en m'apprêtant à ce piteux dessein,
Son beau sang qui s'émeut jaillit dessus mon sein ;
Tombant évanoui, toutes ses plaies s'ouvrent,
Et ses yeux, comme morts, de nuages se couvrent.
Comme avecque mes pleurs je l'eus fait revenir,
En me voyant sanglante en mes bras le tenir,

Me dit : Belle Philis, si l'amour n'est un crime,
Ne méprisez le sang qu'épand cette victime.
Ainsi de leurs desseins je ne puis plus douter ;
Et lors, moi, que l'Amour oncque ne sut dompter,
Je me sentis vaincue, et glisser en mon ame,
De ses propos si chauds et si brûlants de flamme,
Un rayon amoureux qui m'enflamma si bien,
Que tous mes froids dédains n'y servirent de rien.
Lors je m'encours de honte où la fureur m'em-
  porte
N'ayant que la pensée et l'Amour pour escorte ;
Et suis comme la biche à qui l'on a percé
Le flanc mortellement d'un garot traversé,
Qui fuit dans les forêts, et toujours avec elle
Porte, sans nul espoir, sa blessure mortelle.
Las ! je vais tout de même, et ne m'aperçois pas,
O malheur ! qu'avec moi je porte mon trépas.

CLORIS.

Si d'une même ardeur leur ame est enflammée,
Te plains-tu d'aimer bien, et d'être bien aimée ?
Tu les peux voir tous deux, et les favoriser.

PHILIS.

Un cœur se pourroit-il en deux parts diviser ?

CLORIS.

Pourquoi non ? c'est erreur de la simplesse hu-
  maine ;
La foi n'est plus au cœur qu'une chimère vaine.
Tu dois, sans t'arrêter à la fidélité,

Te servir des amants comme des fleurs d'été,
Qui ne plaisent aux yeux qu'étant toutes nou-
    velles.
Nous avons, de nature, au sein doubles mam-
    melles,
Deux oreilles, deux yeux, et divers sentiments ;
Pourquoi ne pourrions-nous avoir divers amants?
Combien en connoissé-je à qui tout est de mise,
Qui changent plus souvent d'amants que de che-
    mise !
La grace, la beauté, la jeunesse et l'amour,
Pour les femmes ne sont qu'un empire d'un jour,
Encor que d'un matin ; car, à qui bien y pense,
Le midi n'est que soin, le soir que repentance.
Puis donc qu'Amour te fait d'amants provision.
Use de ta jeunesse, et de l'occasion :
Toutes deux, comme un trait de qui l'on perd la
    trace,
S'envolent, ne laissant qu'un regret à leur place.
Mais si ce procéder encore t'est nouveau,
Choisis lequel des deux te semble le plus beau.

PHILIS.

Ce remède ne peut à mon mal satisfaire.
Puis Nature et l'Amour me défend de le faire.
En un choix si douteux s'égare mon desir.
Ils sont tous deux si beaux, qu'on n'y peut que
    choisir.
L'un est brun ; l'autre blond ; et son poil qui se
    dore

En filets blondissants est semblable à l'Aurore,
Quand, tout échevelée, à nos yeux souriant,
Elle émaille de fleurs les portes d'Orient.
Cette bouche si belle et si pleine de charmes,
Où l'Amour prend le miel dont il trempe ses
     armes ;
Ces beaux traits de discours, si doux et si puis-
     sants,
Dont l'Amour par l'oreille assujettit mes sens,
A ma foible raison font telle violence,
Qu'ils tiennent mes desirs en égale balance :
Car si de l'un des deux je me veux départir,
Le ciel, non plus que moi, ne peut y consentir.
Mais si l'un est pareil à l'Aurore vermeille,
L'autre, en son teint plus brun, a la grace pareille
A l'astre de Vénus, qui doucement reluit
Quand le soleil tombant dans les ondes s'enfuit.
Sa taille haute et droite, et d'un juste corsage,
Semble un pin qui s'élève au milieu d'un bocage ;
Sa bouche est de corail, où l'on voit au-dedans,
Entre un plaisant souris, les perles de ses dents,
Qui respirent un air embaumé d'une haleine
Plus douce que l'œillet, ni que la marjolaine.
C'est enfin, comme l'autre, un miracle des cieux.
Mon ame, pour les voir, vient toute dans mes yeux.
Laisser l'un, prendre l'autre, ô dieux ! est-il pos-
     sible ?
Ce seroit, les aimant, un crime irrémissible.

Ils sont tous deux égaux de mérite et de foi.
Las ! je n'aime rien qu'eux, ils n'aiment rien que
    moi.
Tous deux pour me sauver hasardèrent leur vie;
Ils ont même dessein, même amour, même envie.
De quelles passions me senté-je émouvoir !
L'amour, l'honneur, la foi, la pitié, le devoir,
De divers sentiments également me troublent,
Et, me pensant aider, mes angoisses redoublent;
Car si, pour essayer à mes maux quelque paix,
Parfois oubliant l'un, en l'autre je me plais,
L'autre, tout en colère à mes yeux se présente,
Et, me montrant ses coups, sa chemise sanglante,
Son amour, sa douleur, sa foi, son amitié,
Mon cœur se fend d'amour, et s'ouvre à la pitié.
Las ! ainsi combattue en cette étrange guerre,
Il n'est grace pour moi au ciel ni sur la terre.

ÉPIGRAMMES.

I.

SUR LE PORTRAIT D'UN POETE COURONNÉ.

Graveur, vous deviez avoir soin
    De mettre dessus cette tête,
    Voyant qu'elle étoit d'une bête,
    Le lien d'un botteau de foin.

II.

LE DIEU D'AMOUR.

Le dieu d'amour se pourroit peindre
Tout aussi grand qu'un autre dieu,
N'étoit qu'il lui suffit d'atteindre
Jusqu'à la pièce du milieu.

III.

LES CONTRETEMPS.

Lorsque j'étois comme inutile
Au plus doux passetemps d'amour,
J'avois un mari si habile
Qu'il me caressoit nuit et jour.

Ores celui qui me commande
Comme un tronc gît dedans le lit ;
Et maintenant que je suis grande,
Il se repose jour et nuit.

L'un fut trop vaillant en courage,
Et l'autre est trop alangouri.
Amour, rends-moi mon premier âge,
Ou me rends mon premier mari.

IV.

LISETTE TUÉE PAR ROBIN.

LISETTE, à qui l'on faisoit tort,
Vint à Robin tout éplorée,
Et lui dit : Donne-moi la mort,
Que tant de fois j'ai desiree.
Lui, qui ne la refuse en rien,
Tire son... vous m'entendez bien ;
Puis au bas du ventre la frappe.
Elle, qui veut finir ses jours,
Lui dit : Mon cœur, pousse toujours,
De crainte que je n'en réchappe.
Mais Robin, las de la servir,
Craignant une nouvelle plainte,
Lui dit : Hâte-toi de mourir,
Car mon poignard n'a plus de pointe.

STANCES.

QUAND sur moi je jette les yeux,
A trente ans me voyant tout vieux,
Mon cœur de frayeur diminue :
Etant vieilli dans un moment,
Je ne puis dire seulement
Que ma jeunesse est devenue.

Du berceau courant au cercueil,

Le jour se dérobe à mon œil,
Mes sens troublés s'évanouissent.
Les hommes sont comme des fleurs,
Qui naissent et vivent en pleurs,
Et d'heure en heure se fanissent.

Leur âge, à l'instant écoulé
Comme un trait qui s'est envolé,
Ne laisse après soi nulle marque ;
Et leur nom, si fameux ici,
Sitôt qu'ils sont morts meurt aussi,
Du pauvre autant que du monarque.

N'aguères, verd, sain et puissant
Comme un aubepin florissant
Mon printemps étoit délectable.
Les plaisirs logeoient en mon sein ;
Et lors étoit tout mon dessein
Du jeu d'amour et de la table.

Mais, las ! mon sort est bien tourné
Mon âge en un rien s'est borné ;
Foible languit mon espérance.
En une nuit, à mon malheur,
De la joie et de la douleur
J'ai bien appris la différence !

Ha ! pitoyable souvenir !
Enfin, que dois-je devenir ?
Où se réduira ma constance ?

Etant jà défailli de cœur,
Qui me don'ra de la vigueur
Pour durer en la pénitence?

Qu'est-ce de moi? Foible est ma main;
Mon courage, hélas! est humain;
Je ne suis de fer, ni de pierre.
En mes maux montre-toi plus doux,
Seigneur; aux traits de ton courroux
Je suis plus fragile que verre.

Le soleil fléchit devant toi;
De toi les astres prennent loi;
Tout fait joug dessous ta parole:
Et cependant tu vas dardant
Dessus moi ton courroux ardent,
Qui ne suis qu'un bourrier qui vole.

Mais quoi! si je suis imparfait,
Pour me défaire m'as-tu fait?
Ne sois aux pécheurs si sévère.
Je suis homme, et toi Dieu clément!
Sois donc plus doux au châtiment,
Et punis les tiens comme père.

Le tronc de branches devêtu,
Par une secrette vertu
Se rendant fertile en sa perte,
De rejetons espère un jour

Ombrager les lieux d'alentour,
Reprenant sa perruque verte.

Où, l'homme en la fosse couché,
Après que la mort l'a touché,
Le cœur est mort comme l'écorce :
Encor l'eau reverdit le bois ;
Mais l'homme étant mort une fois,
Les pleurs pour lui n'ont plus de force.

HYMNE

SUR LA NATIVITÉ.

DE NOTRE SEIGNEUR,

fait par le commandement du roi Louis XIII,
pour sa musique de la messe de minuit.

Pour le salut de l'univers
Aujourd'hui les cieux sont ouverts ;
Et par une conduite immense,
La grace descend dessus nous.
Dieu change en pitié son courroux,
Et sa justice en sa clémence.

Le vrai fils du Dieu tout-puissant
Au fils de l'homme s'unissant
En une charité profonde,
Encor qu'il ne soit qu'un enfant,

Victorieux et triomphant,
De fers affranchit tout le monde.

Ses oracles sont accomplis ;
Et ce que, par tant de replis
D'âge, promirent les prophètes
Aujourd'hui se finit en lui,
Qui vient consoler notre ennui,
En ses promesses si parfaites.

Grand roi, qui daignas en naissant
Sauver le monde périssant,
Comme père, et non comme juge,
De grace comblant notre roi,
Fais qu'il soit des méchants l'effroi,
Et des bons l'assûré refuge.

SONNET.

O DIEU ! si mes péchés irritent ta fureur,
Contrit, morne et dolent, j'espère en ta clémence.
Si mon deuil ne suffit à purger mon offense,
Que ta grace y supplée, et serve à mon erreur.

Mes esprits éperdus frissonnent de terreur ;
Et ne voyant salut que par la pénitence,
Mon cœur, comme mes yeux, s'ouvre à la repen-
        tance ;
Et me hais tellement que je m'en fais horreur.

Je pleure le présent, le passé je regrette ;
Je crains à l'avenir la faute que j'ai faite :
Dans mes rebellions je lis ton jugement.

Seigneur, dont la bonté nos injures surpasse,
Comme de père à fils uses-en doucement.
Si j'avois moins failli, moindre seroit ta grace.

COMMENCEMENT
D'UN POEME SACRE.

J'AI le cœur tout ravi d'une fureur nouvelle,
Or qu'en un saint ouvrage un saint démon m'ap-
    pelle,
Qui me donne l'audace, et me fait essayer
Un sujet qui n'a pu ma jeunesse effrayer.
   Toi dont la providence, en merveilles pro-
    fonde,
Planta dessus un rien les fondements du monde,
Et, baillant à chaque être et corps et mouve-
    ments,
Sans matière donna la forme aux éléments ;
Donne force à ma verve, inspire mon courage ;
A ta gloire, ô Seigneur, j'entreprends cet ou-
    vrage.
   Avant que le soleil eût enfanté les ans ;
Que tout n'étoit qu'un rien ; et que même le
    temps,

Confus, n'étoit distinct en trois diverses faces ;
Que les cieux ne tournoient un chacun en leurs
placcs,
Mais seulement sans temps, sans mesure, et sans
lieu ;
Que, seul parfait en soi, régnoit l'esprit de Dieu,
Et que dans ce grand vide, en majesté superbe,
Etoit l'être de l'être en la vertu du Verbe ;
Dieu, qui forma dans soi de tout temps l'univer
Parla : quand, à sa voix, un mélange divers.....

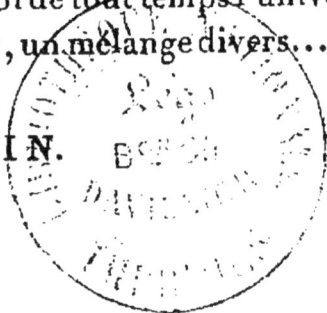

FIN.

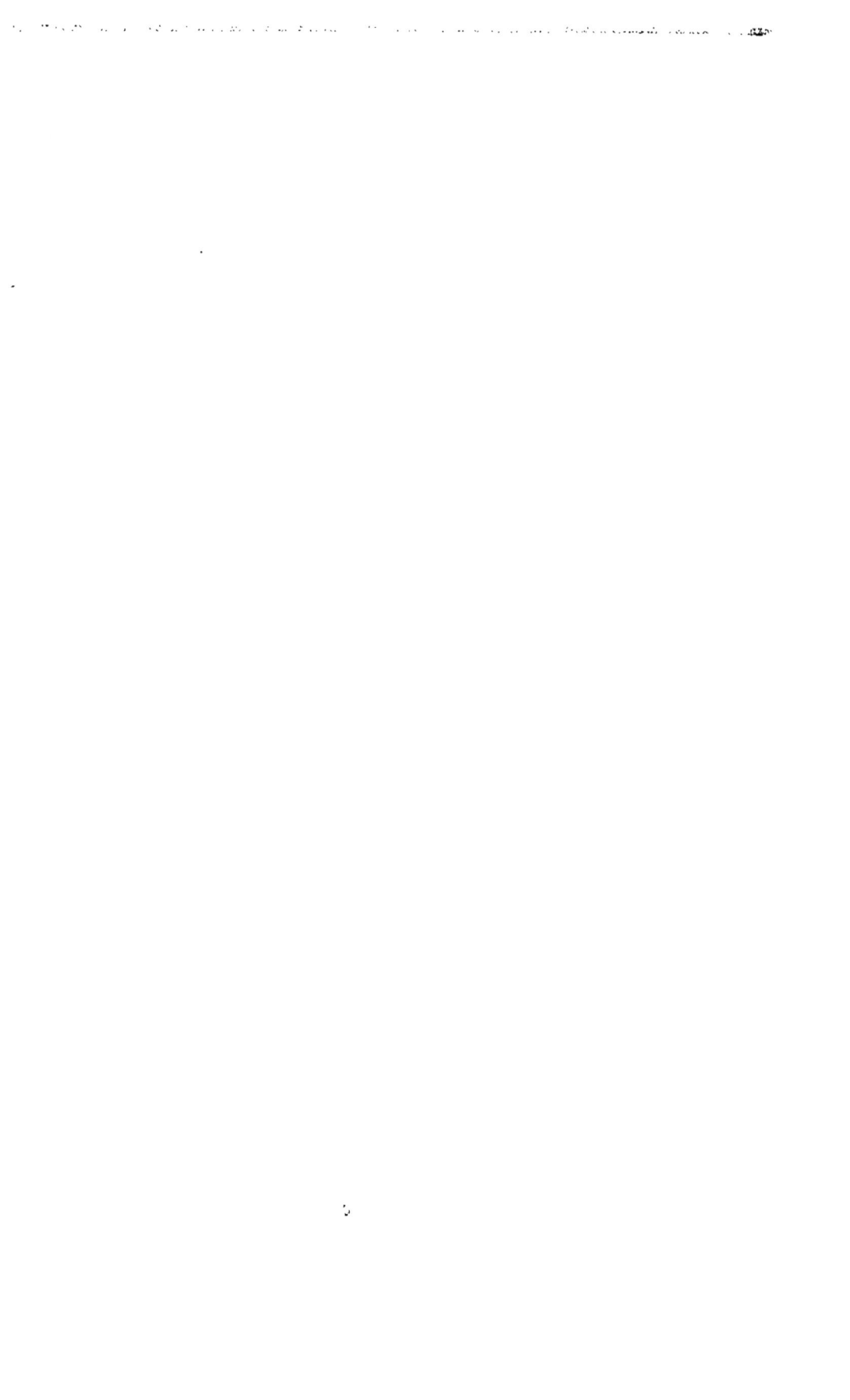

VOCABULAIRE

DES POÉSIES

CONTENUES DANS CE VOLUME.

———◦◦———

ABBAYER, convoiter, aspirer.

ACCOINTANCE, liaison intime.

ACCORT, TE, adroit, poli, complaisant.

ADMONESTER, reprendre, remontrer.

AGENCER, ajuster, parer.

AGUET, embûche, subtilité.

AHEURTER, obstiner, contrarier.

AINS, mais, avant, jamais, plutôt.

ALANGOURI, engourdi, languissant.

ANGUILLADE (donner l') allusion aux coups appliqués avec une peau d'anguille, ou une courroie qui y ressembloit, et dont on frappoit à Rome les jeunes nobles lorsqu'ils étoient en faute. PLIN.

ARONDELLE, hirondelle.

ARSER, flamboyer, briller.

ATTIFER, parer, ajuster.

ATTRAIRE, attirer, amorcer.

AUCUNEFOIS, quelquefois.

AVALER, descendre, abaisser.

AVISER, regarder, considérer, instruire.

BALANDRAN, casaque de campagne, sorte de manteau.

DÉDUIT, passe-temps, plaisir.

DÉPARTIR, séparer, partager, distribuer.

DESPARIÉ, dépareillé.

DEULS, voyez DOULOIR.

DEVINE, sorcière.

DEVISER, raconter, discourir.

DEVOYÉ, hors de la voie, égaré.

DEXTRE, main droite, droit.

DEXTREMENT, adroitement.

DILAYANT, irrésolu, qui prend des délais.

DOUBLE, monnoie de cuivre qui valoit deux deniers.

DOULOIR, souffrir, se plaindre.

DROITURIER, équitable, sincère.

DUIRE, conduire, accoutumer, convenir.

ELECTION, choix.

ENAMOURÉ, amoureux.

ENCASTELÉ, boiteux; il se dit d'un cheval dont les talons pressent le petit pied.

ENFIELER, mêler de fiel.

ENGRAVER, graver, imprimer.

ENHAN, bruit criard.

ENTRANT, hardi, entreprenant.

EPANDRE, répandre, verser, éparpiller.

EPOINDRE, piquer, élancer.

EPRENDRE, brûler, enflammer.

ES, au, en, dans.

ESTRIVER, disputer, contrarier.

ETRANGER, écarter, abandonner.

EXTRÉMITÉ, extrême.

FAIT, faîte, comble.

ꝶ FALLACE, tromperie, ruse, trahison.

FANNIR, rendre fané.

FAQUIN, mannequin contre lequel on couroit avec une lance pour s'exercer.

FEINTISE, feinte, déguisement.

FIGUE, (faire la) se moquer, narguer, faire la moue.

FORS, hormis, excepté.

FRANCHISE, affranchissement, liberté.

GARDON, petit poisson.

GARIR, guérir, préserver.

GAROT, bâton, bois d'une lance.

GENÊT, sorte de petit cheval espagnol, très-prompt à la course.

GRAND, adjectif commun.

GUERDON, loyer, salaire, récompense.

GUERRIER, ennemi.

HEUR, bonheur.

HOUSSE, botte, guêtre.

HUIS, porte, entrée.

IMPITIÉ, cruauté, sans pitié.

INSTABLEMENT, d'une manière qui n'est pas stable.

INCITER, exciter, pousser.

IRE, colère.

JA, déja, alors, et.

LANGARD, bavard, indiscret.

LEGER (de) légèrement.

LICANTROPIE, maladie de celui qui croit être loup.

LIESSE, joie, plaisir.

LIMESTRE, serge.

LOYER, salaire, récompense.

LUITEUR, lutteur.

MALE, méchant, mauvais.

MARINE, mer.

MATELINEUR, capricieux, fou.

MAUGRÉER, blasphémer, faire des imprécations, enrager.

MAUVAISTIÉ, méchanceté, malice.

MÉDARD, (ris de S.) ris forcé.

MENESTRE, de l'italien *minestra*, soupe.

MINUTER, projeter.

MONTRE, apparence.

MONUMENT, tombeau.

MOUSSE, émoussé.

NAVRER, blesser.

NICETTE, ingénue, naïve, candide.

NUISANCE, dommage.

OCIEUX, oisif, tranquille.

ONC, ONCQUES, autrefois, *avec la négation*, jamais.

OR, ORES, présentement, à l'heure.

OU, tandis que.

PARFIN, à la fin, pour la conclusion.

PARTIR, séparer, diviser.

PASSE-VOLANT, homme qui passe en revue sans être enrôlé.

PATIS, pré, pacage.

PEDETENTIM, pié-à-pié, tout doucement.

PITOYABLE, qui a de la pitié.

POINTURE, blessure, piqure.

POMMADE, tour qu'on fait en voltigeant et en se soutenant d'une main sur le pommeau de la selle du cheval.

PORTRAIRE, peindre, faire le portrait.

QUAYMANDE, mendiante.

QUENAILLE, canaille.

QUINAUD, DE, confus, attrapé.

QUINTAINE, mannequin contre lequel ou s'exerce à courir avec la lance, but, poteau auquel on tire au blanc.

RAIS, rayon de lumière.

RANCOEUR, rancune, haine cachée.

REBEC, sorte de violon.

RECIPÉ, remède, ordonnance.

REMEUGLE, pour *remugle*, rance, odeur fétide.

RENGREGER, aggraver.

RENOUVEAU, printemps.

RESSENTIMENT, ressouvenir, reconnoissance.

SACRER, consacrer.

SADE, gentil, propre.

SAGETTE, flèche.

SERF, VE, esclave.

SI, cependant, pourtant.

SONNER, chanter, dire.

SOUDART, soldat.

SOULOIR, avoir coutume.

TESTON, pièce de monnoie d'argent

TINEL, salle du commun, office.

TINS , *pour* tenu.

TRIACLEUR , charlatan.

VENELLE , passage étroit.

VERCOQUIN , caprice , humeur.

VERD , (laisser sur le) négliger, abandonner.

VERGOGNE , pudeur.

VERT , (sans) au dépourvu.

VILLANELLE , sorte de chanson.

VIRER , tourner.

TABLE.

ŒUVRES CHOISIES DE REGNIER.

FIN DE LA TABLE.

www.ingramcontent.com/pod-product-compliance
Lightning Source LLC
Chambersburg PA
CBHW070612100426
42744CB00006B/460